CATALOGUE

De la belle Collection

De Feu M. Émile MICHELOT, de Bordeaux

2e VENTE

PORTRAITS

CLASSÉS PAR GRAVEURS

DONT LA VENTE AURA LIEU

HOTEL DES COMMISSAIRES-PRISEURS

RUE DROUOT, 9, SALLE N° 4

AU PREMIER ÉTAGE

Du Lundi 6 au Samedi 11 Décembre 1880

A UNE HEURE PRÉCISE

COMMISSAIRES-PRISEURS :

Me PERROT	**Me MAURICE DELESTRE**
rue du 29-Juillet, 11	rue Drouot, 27

ASSISTÉS DE

M. VIGNÈRES, Marchand d'Estampes,
rue de la Monnaie, 21, à l'entre-sol.

CHEZ LEQUEL SE DISTRIBUE LE CATALOGUE

EXPOSITION PUBLIQUE

Le Dimanche 5 Décembre 1880, de 1 heure à 4 heures.

PARIS — 1880

3637.50
3796.
3790.50
3744.50
3492.
3602.
22,062.50

	800 catalogues a 20 affrs	160		22,062 5
	Honoraires 10%	2,206 25		
	32 Mains chemises a 1.50	48		
	940 catalogues imprimés	1,138		
	100 off colombier et aff	52		
1	14 1/4 montages a 10	1 40		
–	258 1/2 a 15	38 70		
×	65 f[illegible] a 25 raisin	16 25		
*	40 f[illegible] Jesus a 35	14	3,674 60	
	Insertions au Moniteur des Ventes		37 55	
	Declaration de Vente		1 60	
	Timbre du Procès Verbal		18	
	Enregistrement		552	
	Honoraires de M. Perrot [illegible]		695 10	
	Versement en bourse commune		695 10	
	Clerc et crieur 6 jours		96	
	Location de la Salle [illegible] 7 jours [illegible]		279 20	
	Transport at hotel		6	
	7 Journées du Commissionnaire		35 10	
	Gratification au Commissionnaire		15	
			6,105 25	
	Deduire 5% des acquereurs		1,103 15	5,002 1
	Deduire No 442 Drouais les enfans 58 2 90		60 90	17,060 4
			14,999 50	

(466e)

CATALOGUE

DE LA BELLE COLLECTION

DE

PORTRAITS

De Feu M. Émile MICHELOT, de Bordeaux

CLASSÉS PAR GRAVEURS

ANSELIN, *Madame de Pompadour*

ŒUVRES DE CARMONTELLE

Famille Mozart, le Duc d'Orléans, très-rares

De COCHIN, DREVET, FICQUET, GRATELOUP
SAINT-AUBIN, SCHMIDT

ET PAR LES

Audran, Balechou, Bartolozzi, Beauvarlet, Bervic
Calamatta, Cathelin, Chéreau
Chevillet, Daullé, Debucourt, De Launay, Demarcenay, Duflos
Henriquel Dupont, d'après Van Dyck, Edelinck
Fessard, François Gaucher, Ingouf
De Larmessin, Le Mire
Lignon, Liotard, Massard, Masson, Mellan, Morghen
Morin, Muller, **Nanteuil**, Nattier, Petit
B. Picart, Poilly, Reynolds, Roullet, Savart, Smith, Tardieu
P.-A. Varin, Wille

PORTRAITS, GRANDEUR NATURELLE

PAR SIMON ET AUTRES

PARIS — 1880

CONDITIONS DE LA VENTE

L'ordre du Catalogue sera suivi.

Au comptant.

CINQ POUR CENT, en sus des enchères, applicables aux frais.

L'ordre des Vacations à la fin du Catalogue.

M. VIGNÈRES, chargé de la vente, remplira les Commissions.

NOTA. Toute commission sans prix fixé ou sans limite déterminée sera regardée comme nulle.

M. VIGNÈRES se charge de faire marquer les prix aux Catalogues des ventes qu'il a faites. Les personnes qui le désirent peuvent s'adresser à lui *franco*.

Plusieurs Amateurs éloignés en ont reconnu l'utilité pour les guider dans leurs achats sur les valeurs des Estampes.

Les Catalogues des Ventes à faire seront envoyés aux personnes qui en feront la demande *affranchie*.

AVIS. — Nous prions MM. les Amateurs éloignés de ne pas attendre au dernier jour, pour que les lettres arrivent le matin de la vente, les lettres étant distribuées après mon départ.

Choix de Catalogues avec prix marqués.

CETTE BELLE

COLLECTION D'ESTAMPES

EST COMPOSÉE DE PIÈCES

PROVENANT

Des plus belles et des plus célèbres Collections

VENDUES DEPUIS ENVIRON 25 ANS

Du Chevalier CAMBERLYN, de CORNEILHAN
CALAMATTA
LORIN, EMMANUEL MARTIN, Comte de BEHAGUE
AMBROISE FIRMIN DIDOT
RIGNON, Docteur ROTH, de LABÉRAUDIÈRE
MULBACHER et autres

ABRÉVIATIONS

POUR DÉSIGNER LES CATALOGUES

DES

ŒUVRES DES MAITRES

Dont les numéros sont indiqués

B............ Bartsch.

M............ Meaume, pour Callot.

E. B.......... Emmanuel Bocher.

E. D.......... Emile Delignières.

H. D.......... Henri Draibel (Beraldi).

P. et B........ Portalis et Beraldi.

P. de B....... Baudicourt.

R. D......... Robert Dumenil.

A. F. D....... Ambroise Firmin Didot.

(466e)

CATALOGUE

2e VENTE

ÉMILE MICHELOT

PORTRAITS

CLASSÉS PAR GRAVEURS

1 **Anonyme.** Portrait de femme, coiffure poudrée, elle tient une lettre. In-8, superbe ép., marge.

2 — Anne d'Autriche, Louis XIV et Philippe de France enfants, en pied, grand in-fol. en travers. — Le portrait d'Anne d'Autriche, porté par la statue de Minerve. 2 p., très belles ép., toute marge, calcographie.

3 **Adam** (Jacob) de Vienne. Marie Christine d'Autriche. — Marie-Anne, sœur de Marie-Antoinette. — Marie-Thérèse, mère de Marie-Louise. 3 p. grand in-8. Superbes ép., marge.

4 **Aliamet.** N. Hallé. In-4, d'après *Denon*, très belle ép., toute marge, chez Bligny.

5 **Anselin.** La belle Jardinière, Mme de **Pompadour.** In-4 d'après *Vanloo*, très belle ép., d'après le tableau qui était au château de Bellevue. (Les graveurs du XVIIIe siècle, par MM. le baron Roger Portalis et Beraldi 10.)

6 **Ardell** (J.-M.). L. J. Barbon Mazarini Mancini duc de NIVERNOIS. Manière noire, petit in-fol., d'après *Ramsay*. Très belle ép.

7 **Aubert** (Jean). La princesse MATHILDE, en pied, d'après *E. Giraud*, grand in-fol. Magnifique ép. avant la lettre, sur chine, signée.

8 **Audouin.** MIRABEAU. In-fol. Superbe ép., toute marge.

9 **Audran** (B.). Henri de BERINGHEN, d'après *Nanteuil*. Superbe ép. 1er état avant les changements, le personnage est couvert d'un manteau, marge, collection Camberlyn.

10 — Frère BLAISE feuillan, d'ap. *de Troy*. In-fol. en pied, magnifique ép., marge, très rare. Collection Roth. (P. et B. 11.)

11 — Jean-Baptiste COLBERT. Grand in-fol., d'ap. *Lefèvre*. Superbe ép.

12 — FÉNELON, archev. de Cambrai. Grand in-fol., d'après *Vivien*, belle ép., marge.

13 **Audran.** LOUIS QUINZE enfant, en pied, d'ap. *Gobert*. Grand in-fol. Superbe ép., grande marge, collection Behague.

14 **Audran** (G.). Le médaillon de SÉGUIER, en haut d'un cartouche blanc formé de figures allégoriques. Grand in-4, toute marge, calcographie.

15 **Audran** (J.). Noël COYPEL peintre. In-fol. Superbe ép. (P. et B. 6.)

16 — Victor Marie, comte d'ESTRÉES, d'après de *Largillière*. Petit in-fol. Très belle ép.

17 — François Robert SECOUSSE, curé de Saint-Eustache à Paris. Grand in-fol., d'ap. *Rigaud*, très belle ép.

18. **Avril.** BRIZARD, acteur. — DUGIS, auteur. 2 p., d'après *Mme Guyard*. In-fol. Superbes ép., très grandes marges.

19 — 1790. L'impératrice CATHERINE II de Russie, dans un char traîné par quatre chevaux, entourée de figures allégoriques, reçoit les acclamations de ses peuples, auxquels elle apporte la lumière et la richesse. Très grand in-fol., d'ap. *Ferdinand de Meys*. Superbe ép., avant la lettre, toute marge.

20 — An V. La tendresse maternelle (Mme LEBRUN et sa fille). In-fol., d'après elle même, 1786. Belle ép., toute marge.

21 **Balechou.** AUGUSTE III roi de Pologne. Très grand in-fol., d'après *Rigaud*. Très belle ép. (P. et B. 12).

22 — Anne-Charlotte Gauthier de LOISEROLLE, femme d'*Aved*. Superbe ép., in-fol., marge (P. et B. 13).

23 — La dame au rouet (Mlle LOIZEROLLE), sœur de Madame *Aved*. Superbe ép., in-fol., grande marge. (P. et B. 29).

24 — H. comte de BRUHL. Grand in-fol., d'après Louis de *Sylvestre*. Superbe ép., petite marge (P. etB. 15).

25 — P. J. de CREBILLON, d'ap. *Aved*. Très belle ép, in-4, grande marge (P. et B. 19).

26 — Prosper Joliot de CREBILLON, à mi-corps. Grand in-fol. d'ap. *Aved*. Superbe ép., marge (P. et B. 18).

27 — Jean de JULIENNE, tenant le portrait de Watteau, d'après *de Troy*. In-fol. Très belle ép. (P. et B. 24).

28 — Alexandre Jean Joseph Loriche de LAPOPELINIÈRE, fermier général. In-fol., d'ap *Viger*, très rare, belle ép., grande marge. (P. et B. 27).

29 — Guil. Ch. Henri Friso, prince d'ORANGE. In-fol., d'après *Aved*, très belle ép.

30 — Don PHILIPPE, infant d'Espagne. Petit in-fol. d'ap. *Viali*, superbe ép., à Paris, chez Joullain, grande marge, collection Lorin. (P. et B. 33).

31 — Don PHILIPPE, infant d'Espagne. Très belle ép., petit in-fol., à Paris, chez Buldet.

32 — Car. PORÉE, jésuite. Petit in-fol., d'après *Neilson*. Très belle ép., à Paris, chez Balby, et chez Cars, sans marge. Collection Lorin (P. et B. 34).

33 — Car. PORÉE, jésuite. Petit in-fol., d'après *Neilson*, à Paris chez Buldet. Très belle ép. (P. et B. 34).

34 — Christ. Paul de ROBIEN, président au Parlement de Bretagne. Petit in-fol. Superbe ép., marge rare (P. et B. 36).

35 — Carolus ROLLIN. Grand in-fol., d'ap. COYPEL, très belle ép. (P. et B. 37).

36 **Barbié**. F. de CHEVERT. In-8, d'après *Hischbein*, au bas une scène. Très belle ép. remargée à claire-voie. (P. et B. 3).

37 **Baron**. CHARLES Ier, roi d'Angleterre, à cheval, sous un portique, d'après *Van Dyck*. Le duc d'Epernon tient son casque. Grand in-fol., très rare, la tête ayant été changée par celle de Cromwell.

38 **Bartolozzi**. N. BONAPARTE, d'après *Appiani*. In-fol. Superbe ép., grande marge.

39 — L. J. de Bourbon CONDÉ, à mi-corps, d'ap. Mme *de Tott*. In-fol., très belle ép., grande marge.

40 — FRÉDÉRIC II, à mi-corps. In-fol. en bistre. Superbe ép.

41 — Les princesses MARY, SOPHIA and AMELIA, jouant avec leurs chiens. Grand in-fol. en bistre, d'après *Copley*, grande marge.

42 — 1793. Aloysius PISANI, à mi-corps, d'ap. PELLEGRINI. In-fol. en bistre, belle ép.

43 — Miss WALLIS, en pied, grand in-fol. en bistre, belle ép.

44 — Invicto WELLINGTON, en pied, grand in-fol. d'après *Pellegrini*, superbe ép., grande marge.

45 **Basan**. La Flore de l'Opéra, d'après *Roslin*. Grand in-4, belle ép., marge.

46 — La Pudeur. (Mme de NARBONNE PELET.) In-fol., d'après *Latinville*, très belle ép.

47 — Mlle VANLOO enfant, tenant du raisin dans sa chemise. Petit in-fol. Très belle ép., marge.

48 **Baudouin** (comte de). L. A. de GONTAUT, duc de Biron, maréchal de France. In-fol. toute marge, donné par l'auteur en 1781, rare. Collection Gouverneur.

49 **Bause**, 1776. WINKELMAN. In-4. Superbe, marge. — J. J. SPALDING. 2 p., petit in-fol.

50 **Bazin**. Madame HELYOT. Grand in-4.

51 — Marie-Thérèse, d'après *J. Lefèvre*, grandeur naturelle, très grand in-fol.

52 **Beauvarlet**. Le comte d'ARTOIS et Mlle CLOTILDE sa sœur, sur une chèvre blanche. Grand in-fol., d'après *Drouais*, très belle ép., grand in-fol. avant que les armes ne soient effacées, rare, marge. Collection Visscher. (P. et B. 24).

53 — BANDIERI DE LAVAL, maître à danser des enfants de France. In-4 d'après *Drouais*, belle ép. (P. et B. 26).

54 — Le duc de BOURGOGNE étant jeune, d'ap. *Fredou*. In-8. Superbe ép. (P. et B. 29).

55 — Mlle CLAIRON, rôle de Médée, sur son char, très rare ép. avant toute lettre, la tête entièrement blanche, tachée, — La même terminée avec la lettre, 2 p. très grand in-fol., d'après *Vanloo*. (P. etB. 30).

56 — Madame la comtesse ***du Barry***. Petit in-fol., d'après *Drouais*, superbe ép., avant la lettre, marge. (P. et B. 31).

57 — Cath. princesse GALITZIN, née Cantemir, profil in-4. Superbe ép., d'après *Lefèvre*. (P et B. 32).

58 — MOLIÈRE. Grand in-fol. d'après *S. Bourdon*, très belle ép., avant la dédicace à MM. les ducs Daumont. (P. et B. 34).

59 — Duclusel, marquis de [Montpipeau. In-4, d'après *Roslin*, très belle ép., marge vierge. (P. et B. 35).

60 — J. A. Nollet, maître de physique des enfants de France. In-8, superbe ép., grande marge. (P. etB. 36).

61 — Sylvain Perusseau, jésuite, confesseur du roi, né en Berry 1679, petit in-fol. d'ap. *Dachon*, superbe ép. Collection Lorin.

62 — Sebastiano Josepho Carvalio Melio Marchioni Pombalio (le marquis de Pombal), en pied, assis, il montre le port, d'après *Vanloo* et *J. Vernet*, immense in-fol. Superbe ép. très rare. Collection Behague. (P. et B. 38).

63 — B. G. Sage, né à Paris, des académies de Paris, Stockholm, etc. Grand in-8, d'ap. *Colson*. Très belle ép. (P. et B. 40).

64 **Beisson**. J. P. Marat, d'après *Boze*, in-fol. Magnifique ép. avant la lettre, marge vierge.

65 — Le même avec la lettre, très belle ép., toute marge.

66 — Mirabeau en pied, d'ap. *Boze*, très grand in-fol. Très belle ép., marge.

67 — Paisiello touchant du piano, à mi-corps, d'après *Mme Lebrun*. In-fol., magnifique ép., marge vierge.

68 **Beljambe**. J. Cl. De Lametherie. Ovale in-8, avant la lettre, d'ap. *Notté*. Superbe ép., marge vierge. Collection Em. Martin.

69 **Bellay** (Ch.). Paul Baudry, eau-forte, petit in-fol. sur chine vergé non fixée, superbe.

70 — HENRIQUEL DUPONT, eau-forte. Hommage respectueux à *Mme H. D.* 1869. Superbe ép. sur chine.

71 — V. SCHNETZ, directeur de l'académie de France à Rome. Petit in-fol. Superbe ép., sur chine.

72 **Benoist** (G.). CARLIN BERTINAZZI, comédien. Très belle ép., in-8, grande marge. Collection Em. Martin.

73 **Berger** (D.). 1787. Mme la marquise de SABRAN. Ovale petit in-fol., d'ap. *Mme Lebrun*, superbe ép. en bistre. Elle épousa le marquis Stan. de Boufflers, très rare. (P. et B. 10).

74 **Bernigeroth**. La comtesse PLATEN DE HALLERMUNDE, amie de Georges Ier, roi d'Angleterre, impliquée dans l'affaire ténébreuse du comte de KONIKSMARK, in-fol., très rare, remargée à claire-voie.

75 **Bertinot**. BRASCASSAT. In-4, d'après lui-même. Superbe ép. sur chine, toute marge.

76 — VAN DYCK, d'après lui même. In-fol. Superbe ép., toute marge, calcographie.

77 **Bertonnier**. FÉNELON, in-12, avant la lettre, magnifique ép., marge in-4. Collection Em. Martin.

78 — Mme de SÉVIGNÉ. Magnifique ép. avant la lettre sur chine, toute marge.

79 — Maréchal de VAUBAN. Grand in-4, d'après *Rigaud*, très belle ép., marge. — Plan d'un pont volant, aquarelle avec autographe. 2 p.

80 **Bertrand**. NAPOLÉON le grand, d'ap. *David*, grandeur naturelle. Très belle ép.

81 **Bervic** (Clément). Ch. de LINNÉ, d'ap. Roslin. In-4. Superbe ép., marge. (P. B. 10).

82 — LOUIS SEIZE, en pied, en manteau royal. Très grand in-fol., d'après *Callet*, très belle ép. avant la planche coupée. Signée *Bervic*, au crayon. (P. B. 11).

83 — G. SÉNAC DE MEILHAN, d'après *Duplessis*; in-fol. Très belle ép. avant la lettre. (P. B. 13).

84 — Charles Gravier, comte de VERGENNES. In-fol. d'après nature en 1780, très belle ép., marge. (P. et B. 16).

85 **Blanchard**. M. Emile de GIRARDIN, d'après *Chasseriau*. Grand in-fol. sur chine. Superbe ép. toute marge.

86 **Bligny** (chez). LOUIS I, roi d'Espagne, en pied avec un nègre à gauche derrière lui, même composition contrepartie du portrait de Fr. L. de Bourbon-Conti par Drevet. Très grand in-fol. rare.

87 **Bock**. ANCKERSTRÖM, assassin de Gustave III, — GUSTAVE III, par *Benedict*. 2 p. in-8, très belles ép.

88 **Boilly** (d'ap.). Réunion d'Artistes, — La feuille explicative. 2 p. in-fol. par *Clément*, très belles ép., toute marge.

89 **Boilly**. Collection des membres de l'Institut lithog. in-4, toute marge, 145 p. dont 1 double.

90 **Bonnet**. LOUIS XV, tête presque grandeur naturelle. Belle ép. grand in-fol. marge.

91 **Bonneville**. Mme Dubarri. — Lamballe. — Fabre d'Eglantine. 3 p. ovales, in-8.

92 **Bonvoisin**. BROUSSAIS, médecin, d'après *Duchesne*. Petit in-fol.

93 — LA ROCHEFOUCAULD. In-12, d'après *Petitot*. Superbe ép. sur chine, marge.

94 **Boucher** (d'après). Tombeau de Dorothée SANDOW. Petit in-fol. par *Eberts*, belle ép.

95 **Bouilliard**. Franciscus BARTOLOZZI. In-fol. d'ap. *Violet*. Superbe ép. avant la lettre, toute marge.

96 **Bourgeois de la Richardière**. ELLEVIOU, artiste de l'Opéra Comique. Petit in-4. Superbe ép., toute marge.

97 **Boutelou**. CAROLINE reine de Naples, ovale, in-4. Superbe ép. en bistre, marge.

98 **Bovinet**. Comtesse ***Dubarry***. In-8, belle ép., marge.

99 **Bradel**. Charlotte Geneviève Louise Auguste Andrée Timothée ***d'Eon de Beaumont***, chevalier de Saint-Louis, capitaine de Dragons et Plénipotentiaire en Angleterre. Dessiné d'après nature en 1779, très beau et curieux portrait in-fol. (en femme).

100 **Bren**. MIRABEAU, grandeur naturelle, manière noire, grand in-fol.

101 **Bridoux** (A.). LOUIS-PHILIPPE I, roi des Français, à mi-corps, d'ap. *Winterhalter*. Grand in-folio. Très belle ép. toute marge.

102 **Calamatta.** Mme LINA BONAPARTE, à mi-corps. In-fol., ép. d'essai sur chine avant toute lettre. Très belle.

103 — CAVOUR, ministre italien. In-fol. avant la lettre, d'après *Masutti*, superbe épreuve toute marge.

104 — LISA GIOCONDA, d'après *Léonard de Vinci*. Superbe ép. in-fol. sur chine, toute marge.

105 — M. GUIZOT, d'après *Delaroche*. Superbe ép. sur chine, grand in-folio toute marge.

106 — INGRES à ses élèves. In fol. Très-belle ép. toute marge.

107 — LAMENNAIS, d'après nature. In-fol. Superbe ép. avant la lettre sur chine, avec dédicace à M. Scheffer; signé à l'encre. Toute marge.

108 — LÉOPOLD, roi des Belges, in-fol. d'après *Hayter*. Belle ép. signée.

109 — Mathieu MARTIN, d'après *Ingres*. In-fol. superbe, ép. toute marge.

110 — Le docteur MARTINET, lithog. in fol., d'après *Ingres*. — RAOUL ROCHETTE, profil in-8. 2 p.

111 — M. le comte MOLÉ, d'après *Ingres*. Superbe ép. avant la lettre sur chine, grand in-fol. toute marge.

112 — Le même avec la lettre, sur chine, les marges très tachées d'humidité.

113 — Masque de NAPOLÉON, d'après le plâtre du docteur Antommarchi. Superbe ép. avec le cachet C. sur chine, marge.

114 — 1845. Ferdinand-Philippe duc d'ORLÉANS, Prince royal, à mi-corps, d'après *Ingres*. Grand in-fol. Très belle ép, sur chine, toute marge.

115 — GEORGES SAND 1836. Grand in-8. Magnifique ép. sur chine, marge in-fol.

116 **Cardon**. L. A. H. de Bourbon, duc d'ENGHIEN, in-4, très belle ép, *Proof*.

117 **Carmona** (S.). F. BOUCHER, peintre, d'après *Roslin*. Superbe ép. in-fol., marge. Collection Soleil.

118 — CHARLES III d'Espagne. Médaillon soutenu par des figures allégoriques. Grand in-fol. taché d'eau.

119 — COLLIN DE VERMONT, peintre. In-fol. d'après *Roslin*. Très belle ép.

ŒUVRE DE CARMONTELLE

120 **Carmontelle** *delin. et sculp.* Le baron de BESENVAL, lieutenant-général. Très belle ép. petit in-fol., toute marge.

121 **Carmontelle** (d'après de). Louis Petit de BACHAUMONT, *Columna stante quiescit*, par *Houel*, assis dirigé à gauche, petit in-fol. Très-belle ép. (P. et B. 2.)

122 — M. de BOURNEVILLE, lieut. aux gardes. *Hilaritate beatus*, etc. en pied dirigé à droite, petit in-fol. par *Delafosse*, superbe. (P. et B. 10.)

123 — BRIZARD, comédien, en pied. Petit in-fol. Très belle ép. Collection Laberaudière. (P. B. 4.)

124 — CHAUVELIN, en pied, assis, par *Delafosse* 1762. *Non sibi*, etc. Petit in-fol. Très belle ép. rare. (P. et B. 5.)

125 — Mons. le duc de CHEVREUSE, gouverneur de Paris, par *A. de Saint-Aubin*, 1758, petit in-fol., belle ép. rare, marge. (P. et B. 6.)

126 — La duchesse de CHOISEUL et Mme DU DEFFANT, in-8, par *Grestbach*, très belle ép.

127 — CHODERLOS DE LACLOS, in-8, par *Morel*, toute marge, très belle.

128 — Alexis-Claude CLAIRAULT, assis écrivant, dirigé à gauche, par *Delafosse*, 1763. Petit in-fol. Superbe ép. marge. (P. et B. 7.)

129 — DAUBERVAL et Mlle ALLARD, scène de l'opéra de Sylvie, superbe ép. in-fol., 1er état avec les vers seulement qui furent effacés.

130 — Pas de deux exécuté par M. DAUBERVAL et Mlle ALLARD. Nouveau titre du 2e état. Très belle ép. in-fol. par *Tilliard*.

131 — Mme DU DEFFANT, in-12, par *Forsell*, — par *Casenave* in-8, — par *Forsell* in-8; 3 p. Très belles, toute marge.

132 — DORTOUS DE MAIRAN, en pied, petit in-fol. par *Delafosse*; piqûres de vers. (P. et B. 17.)

133 — DURET DE MEYNIERES, en pied, petit in-fol. par *Delafosse*, avec vers écrits à l'encre au bas: *Silentio gaudet*. (P. et B. 9.)

134 — Mlle de L'ESPINASSE, in-12, — in-8 par *Verran*. 2 p. superbes toute marge.

135 — FRANCKLIN, en pied, très belle ép. petit in-fol. Collection Laberaudière (P. et B. 12.)

136 — Le Baron de GRIMM, par *Lecerf*. — Ovale par *Amb. Tardieu*, 2 p. in-8. Très belles ép. marge.

137 — Mme de HERAULT et Mme de SECHELLES par *Delafosse*, 1763. Petit in-fol. Très belle ép. (P. et B. 13.)

138 — Mlle Louis Magdelene LANY, danseuse, petit in-fol. (Dessiné par de *Mormantelle*) gravé par *la Fosse*, superbe ép. marge, rare. (P. et B. 15.)

180 — 1761. Le prince de MONTBARRÉ et M. d'ENTRAGUES, petit in-fol. avant la lettre. Superbe ép. marge. Collection Laberaudière, rare. (P. et B, 19.)

140 — Léopold MOZART, père de Marianne MOZART, virtuose, âgée de onze ans, et de J. G. Wolfgang MOZART, compositeur et maître de musique, âgé de sept ans. In-fol. par *Delafosse* 1764. Magnifique ép. très rare, marge, montée en dessin, collection Roth. (P. et B. 20.)

141 — La famille MOZART, in-fol. Lithog. de même grandeur que l'original par *Llanta*. Très belle ép. sur chine.

142 **Carmontelle.** Louis-Philippe duc d'ORLÉANS avec son fils Louis-Philippe-Joseph qui fut surnommé Égalité. Ils sont dans une salle de billard, dirigés à gauche. *De Carmontelle*, 1759, à la pointe. Eau-forte originale de la plus grande rareté. (P. et B. 23.)

143 **Carmontelle** (d'après de) TRUDAINE assis, tenant un grand livre ouvert, très belle ep. avant la lettre. (P. et B. 25.)

144 — Comte de Waldner, en pied, petit in-fol. par *Delafosse*. Superbe ép. (P. et B. 26.)

---

145 **Caronni** (Paolo). Eugenio Napoleone. — Augusta Amelia di Baviera. 2 p. in-fol. très belles ép., marge.

146 **Cars** (Laurent). Sébastien Bourdon, de Montpellier, peintre du Roy, in-fol. d'ap. *Rigaud* Très belle ép. avant toute lettre, très rare. (P. et B. 25.)

147 **Cars** (J.-F.). Philippe duc d'Orléans, régent, 1720, ovale équarri, grand in-fol. d'après *Santerre*. Très belle ép. petite marge. Collection. Behague.

148 — Cardinal Melchior de Polignac. Grand in-fol. d'après *Rigaud*, très belle ép.

149 — Stanislas, roi de Pologne. Grand in-fol., d'après *Vanloo*. Très belle ép. marge. (P. B. 52.)

150 **Cathelin** (L.-J.) J. J. Balechou, célèbre graveur, petit in-fol. d'ap. *Arnavon*, chanoine Superbe ép. marge. (P. et B. 6.)

151 — Pierre Jeliotte tenant une lyre. In fol. d'ap. *Tocqué*, très belle ép. marge (P. et B. 32.)

152 — Louis XV, debout en pied en manteau. Très grand in-fol. d'après *Vanloo*. Très belle ép. avant toute lettre. Rare. (P. et B. 43)

153 — J. Paris de Montmartel, en pied, d'après *De la Tour*, assis dans son cabinet. Très grand in-fol. avant la lettre, remargé. (P. et B. 54.)

154 — J. Paris de Montmartel, en pied, d'après *De la Tour*; le bureau, le paravent, etc., existent encore. Très grand in-fol., belle ép. très rare,

155 — Mme la Marquise de **Pompadour** en nymphe, in-4, d'ap. *Nattier*. Médaillon entouré de fleurs avec quatre vers sur l'autel de l'Amour. Très belle épreuve, très rare. (P. B. 59.)

156 — G. A. MEUSNIER DE QUERLON, in-8, d'après *Vispré*. Superbe ép. marge.

157 — J. M. TERRAY, abbé, ministre d'Etat. In-fol. d'après *Roslin*. Très belle épreuve marge.

158 — Louis TOCQUÉ, peintre, in-fol. d'ap. *Nattier*; belle ép. marge. (P. et B. 71.)

159 — 1770. Joseph VERNET, peintre, d'ap. *Vanloo*. Très belle ép. in-fol., marge (P. et B. 75).

160 **Cereni.** Mme **Du Barri** —Mme de **Pompadour.** 2 superbes ép. avant toute lettre sur chine, marge in-fol.

161 — Le siècle de Louis XV. Mme de Pompadour, — Mme Du Barri, — Mme de Chateauroux, — Mme de Vintimille, — Marie Leczinska, — Mme de Mailly. 6 p. superbes, toute marge.

162 **Chabannes.** 1837. ROBERT DUMESNIL, âgé de 59 ans; belle eau-forte, marge. C'est l'auteur du Peintre graveur français.

163 **Chardin** (d'après). Marguerite Simeone POUGET, en pied, grand in 4, par *Chevillet* 1777. Très belle ép. marge, rare. (E. B. 44)

164 **Chasteau.** Médaille de L. Adel. d'ORLÉANS, abbesse de Chelles, avec l'explication; pièce rare, collection Soleil.

165 **Cheesman.** Lord Grantham, Frédéric et Philippe Robinson, d'ap. *Reynolds*, in-fol.

166 **Chenu.** Madame FAVART. Joli portrait in-8, entouré de roses. Très belle ép., marge vierge.

167 — PANARD, in-8, belle ép. marge.

168 **Chereau** (F.). L. A. de Pardaillan de Gondrin duc d'ANTIN d'après *Rigaud*. Très belle épreuve in-fol. (P. et B. 26.)

169 — Louis de BOULLONGNE, peintre, d'après lui-même. In-fol., superbe ép. (P. et B. 6.)

170 — Cardinal FLEURY d'après *Rigaud*. Très belle ép. in-fol. dirigé à droite. (P. et B. 12.)

171 — A. Hercule de FLEURY, cardinal, d'ap. *Rigaud*, in-fol. belle ép. avec la croix pastorale, dirigé à gauche. (P. et B. 13.)

172 — LARGILLIÈRE, d'après lui-même, in-fol., très-belle ép. (P. et B. 19.)

173 — LOUIS XV. Grand in-fol. d'après *Rigaud*. Très belle ép. collection Didot.

174 — Andoche PERROT, abbé général. In-fol. d'ap. *Rigaud*, très belle épreuve collée. (P. et B. 29).

175 — J. B. L. PICON, seig. d'Andrezel, d'après *Rigaud*. Belle ép. avant le titre ambassadeur près la Cour ottomane. (P. et B. 30.)

176 — Cardinal de POLIGNAC à mi-corps, d'après *Rigaud*, in-fol. (P. et B. 31.)

177 — Jacques STUART, in-4 Collé.

178 **Chereau** (Jacques). Marie, princesse de Pologne (LECZINSKA), reine de France, en pied. In-fol. d'ap. *Vanloo*, très belle ép. (P. B. 8.)

179 **Chereau** le jeune. Madame de **Sabran** tenant un oiseau sur un oreiller. Petit in-fol. d'ap. *Vanloo*. Belle ép. (P. et B. 12.)

180 **Chevillet.** J. B. Simeon Chardin, peintre, d'après lui-même 1771. Il a des lunettes. Petit in-fol., très belle ép. marge.

181 — Benjamin Francklin d'après *Duplessis*, petit in-fol. Très belle ép. marge. (P. et B. 36.)

182 — Eugénie d'Hannetaire pinçant de la harpe. In-fol. Superbe ép. avant la lettre, marge vierge, elle est dirigée à droite, carré.

183 — Eugénie d'Hannetaire, rôle de la jeune sultane. In-fol. très-belle ép. Elle pince de la harpe, dirigée à gauche, ovale équarri. (P. et B. 35.)

184 — Le Noir, lieut. général de police. Petit in-fol. d'après *Greuze*, superbe ép. marge collection Laperlier (P. et B. 39.)

185 — L. P. d'Orléans, duc de Chartres. Très belle ép. petit in-fol., toute marge. (P. et B. 32.)

186 — De Sartine, lieut. général de police, grand in-fol. d'après *Vigée*. Très belle ép. toute marge.

187 **Chodowiecki.** Frédérique Sophie Wilhelmine, princesse de Prusse, in-fol. Supèrbe ép. marge, collection Laberaudière.

188 **Choffard** 1790. P. F. Basan, graveur, né à Paris, superbe ép. pour en tête de son Dictionnaire des graveurs. (P. et B. 24.)

189 — Ch. Palissot écrivant la Dunciade. Médaillon orné de lierre, superbe ép. in-8 (P. et B. 44.)

190 **Chretien.** F. J. Goetz, chevalier, belle ép. du Physionotrace, marge.

191 **Clemens.** Louisa Augusta, princesse de Danemarck et Norwège, in-fol d'après *Juel*, superbe.

ŒUVRE DE COCHIN

192 **Cochin** et **Dupuis**. Tombeau de MAURICE de Saxe, maréchal, très grand in-fol. belle ép. Collection de Corneillan.

193 **Cochin** Jacques SARAZIN l'aîné, de Noyon, sculpteur. Belle ép. petit in-fol., toute marge.

194 **Cochin** (d'après). ADOLPHE FRÉDÉRIC de Suède entouré de figures allégoriques, par *Floding*, 1761. Grand in-fol.

195 — Société académique des Enfants d'Apollon. Cottereau, — Houel, peintre, — Moline, — Piot. 4 p. in-8 par Mme *Lingée*, belles ép. marge.

196 — Godefroy de Villetaneuse, — Gosseaume, —Trevilliers 3 p. ronds in-8 par *Cathelin*. Très belles ép. toute marge.

197 — Baron de Bagge, — Fieux, — Perignon, — Treyer. 4 p. ronds in-8. Très belles ép. marge.

198 — C.F. Abel, musicien, — Dumont, — Guerillot, — P. J. Marco, — L. F. Prault. 5 ronds in-8 par *Saint-Aubin*, superbes ép. toute marge.

199 — Concours pour le prix de l'étude et de l'expression (c'est Mlle Clairon qui pose), il y a trois professeurs, petit in-fol. par *Flipart*. Très belle ép. marge.

200 — J. D'ALEMBERT. — D. DIDEROT. 2 p. in-4, par L. J. *Cathelin*, marge.

201 — P. F. BASAN, né à Paris 1723, graveur éditeur, in-4, par *Marais*. Très belle ép.

202 — Louis de Boissy, académicien, in-8. Toute marge. Superbe.

203 — François Boucher, peintre, in-4, par Lau. *Cars.* Superbe.

204 — S. C. Boutin. — I. F. A. Brunet de Neuilly. 2 p. in-4, par *Watelet.* Très belles ép.

205 — Ph. Cl. A. de Thubières comte de Caylus, artiste amateur, in-4. Très belle ép., marge vierge.

206 — Jean Siméon Chardin, peintre, in-4 par Lau. *Cars.* Superbe ép., marge vierge.

207 — Jean Siméon Chardin, peintre, in-4, par J. F. *Rousseau.* Superbe ép., marge, rare.

208 — Fr. Marg. Pouget, femme de M. Chardin, in-4, par Lau. *Cars.* Superbe.

209 — A. P. F. Chastre de Billi, par *Watelet.* — Henri Philippe Chauvelin. 2 p. in-4. Superbes ép., marge.

210 — F. de Chevert. L. général des armées du roy, in-4, par *Watelet.* Magnifique ép., toute marge.

211 — C. N. Cochin, par *Aug. de Saint-Aubin.* Magnifique ép. in-4. Marge vierge. (E. B. 47.)

212 — C. N. Cochin le fils, in-4, par *Daullé* 1754. Superbe.

213 — Fortunée-Marie d'Est, princesse de Conti, par *Aug. de Saint-Aubin,* médaille et son revers, par J. Varin (E. B. 54), 1er état avant le texte au bas.

214 — Ch. DE BROSSES comte de Tournay, premier président du Parlement de Dijon, in-4, par *Saint-Aubin*. Très belle ép. (E. B. 68), rare.

215 — Jean-François DENIS, trésorier-général, in-4, par *François*, en rouge, marge. — Marie-Elisabeth DENIS, femme de E. Radix, par *Saint-Aubin*. In-4. 2 p.

216 — J. F. DE TROY le fils, par *Rousseau*. — Gaspard DUCHANGE, par *Dupuis*. 2 p. in-4. Très belles ép.

217 — Charles DUCLOS, historiographe, in-4. Superbe ép., marge.

218 — Camille FALCONET, médecin consultant du roy, in-4, par P. E. *Moitte* d'après E. Falconet. Très belle ép., marge, rare.

219 — FENOUILLOT de Falbaire de Quingey, in-8, par *Saint-Aubin*. Magnifique ép. avant-dernier état (E. B. 78). Toute marge.

220 — Pierre Elizabeth de FONTANIEU, par *Miger*, in-4. Très belle ép.

221 — Benjamin FRANKLIN, avant-dernier et dernier état. 2 p. in-4, par *Saint-Aubin*. Très belles ép. (E. B. 85).

222 — E. C. FRERON, in-4, par *Gaucher* 1771. Très belle ép. grand in-8, par *Hubert*, grande marge. 2 p.

223 — E. J. A. BLANCHARD. — C. GAUZARGUES. Maîtres de musique de la chapelle du Roy. 2 p. in-4, par *Saint-Aubin*. Très belles ép., marge.

224 — Charles GOLDONI, in-8, par *Le Beau*. Très belle ép.

225 — Noël Hallé, peintre, in-4, par *Nicollet*. Superbe ép., marge vierge.

226 — Ch. J. F. Henault, académicien, grand in-8, par *Gaucher*. Très belle ép.

227 — M. Lady Hervey, par *Watelet*, in-4. Superbe ép., grande marge.

228 — M. David Hume, historien célèbre. — Le même la seconde ligne effacée, toute marge. 2 p. in-4. Superbes.

229 — E. Jeaurat, par P. *Martenasi* 1759. — J. Ph. Le Bas, graveur, par J. *Cathelin*. 2 p. in-4. Très belles.

230 — Pierre Jeliotte. — J. B. Lully. 2 p. in-4, par *Aug. de Saint-Aubin*. Très belles ép., marge.

231 — Ch. Ant. Jombert, libraire, in-4, par *Saint-Aubin*. Très belle ép. (E. B. 112).

232 — L. R. de Caradeuc de la Chalotais profil à droite, par *Moitte*. — Profil à gauche, par *C. Baron*. 2 p. in-4.

233 — A. L. De la Live de Jully, in-4, par lui-même. Très belle ép., remargée à claire-voie.

234 — Guillaume de La Motte-Piquet, eau-forte pure — et avant-dernier état. 2 p., par *Saint-Aubin* (E. B. 117).

235 — P. de la Place. — Louis César de la Baume-le-Blanc duc de La Vallière. 2 p. in-4, par *Cochin*. Très belles ép.

236 — J. B. Le Blanc, 3ᵉ des 5 états (E. B. 124). — Guil. Le Blond (E. B. 125). 2 p. in-4, par *Saint-Aubin*. Très belles ép., marge.

237 — Sophie Le Couteux du Moley, par *Saint-Aubin*, 1er état eau-forte pure. — 2e état. — 4e état. 3 p. in-4. Très belles.

238 — Claude Léger Sorbet, écuyer, in-4. Superbe ép., marge.

239 — J. B. Lemoine le fils, par N. *Dupuis* 1755. Superbe ép., marge vierge.

240 — Mme Le Normant d'Estiolles, in-4, par *Aug. de Saint-Aubin.* Très belle ép. (E. B. 130).

241 — N. B. Lépicié, in-4, par J. F. *Rousseau.* Très belle ép., marge vierge.

242 — Léonard Le Roux, architecte du Roy, in-4, par *Saint-Aubin.* Très belle ép., grande marge (E. B. 132.)

243 — Le Seur, professeur de mathématiques, par *Nicolet* — Joannes Bruté, par *Meliny.* 2 p. in-4.

244 — Louis XV, par *Prévost*, médaillon entouré de roses, in-8, 1er état.

245 — Louis XVI. — Marie-Antoinette. Entourés de figures allégoriques. 2 p. in-4, par *De Longueil.* Très belles ép.

246 — Marquis Scipion Maffei. — Dortous de Mairan, par *Miger.* 2 p. in-4. Très belles ép.

247 — J. L. Marquis de Maletèste, né à Dijon, in-8, par *Aug. de Saint-Aubin.* Superbe. (E. B. 160).

248 — P. J. Mariette, in-4, par *Aug. de Saint-Aubin* 1765, avant-dernier état. (E. B. 171.)

249 — Marquis de MARIGNY, par *Cochin* 1757. Très belle ép. in-4, marge. — Médaillon sur son tombeau, in-8, par B. L. *Prévost*. 2 p.

250 — J. F. MARMONTEL, in-8, par *Saint-Aubin*. — J. B. MASSÉ, peintre, in-4. 2 p. Belles ép.

251 — J. J. Cassanéa de MONDONVILLE, maître de musique de la chapelle du Roy, profil à gauche, in-4, par *Saint-Aubin*, avant-dernier état (E. B. 182) collé, — profil à droite. Grand in-8, par *Dupin*. Superbe ép., marge. 2 p.

252 — MONNET, in-8, par *Saint-Aubin*. — Nicolas de MONTHOLON. In-4, par *Nicolet*. 2 p. Belles ép.

253 — Sauveur F. MORAND, chirurgien, in-4, par *Campion* de Tersan. Très belle ép., très rare.

254 — Salvator Fransiscus MORAND, chirurgien, in-4, par *Aug. de Saint-Aubin* 1768. (E. B. 193.)

255 — Jean Nicolas MOREAU, 1er chirurgien de l'hôtel Dieu de Paris, profil à droite in-4, par *Moitte*. — Profil à gauche in-8, par *Dupin*. Superbe ép., toute marge. 2 p.

256 — J. M. MOREAU le jeune, dessinateur et graveur, in-8, par *Aug. de Saint-Aubin*. Superbe ép., toute marge, très rare. (E. B. 194.)

257 — Louis Philippe duc d'ORLÉANS, entouré de figures allégoriques, Frontispice des pierres gravées de son cabinet. Très belle ép. grand in-4.

258 — Antoine de PARCIEUX, eau-forte pure avec le texte au bas à l'encre pour le graveur de lettres. — Terminé, toute marge. 2 p. in-4, par *Saint-Aubin*. (E.B. 70.)

259 — C. PARROCEL, peintre de batailles, par *Cochin* et *Dupuis*. — J. B. PERONNEAU, par B. A. *Nicolet*. — J. R. PERRONET, ingénieur, par *Quenedey*. 3 p. in-4.

260 — André Danican PHILIDOR, maître de chapelle, in-4, par *Aug. de Saint-Aubin*. Très belle ép. collée, rare. (E. B. 210.)

261 — J. B. M. PIERRE, peintre, in-4, par *Aug. de Saint-Aubin*. Très belle ép. marge. (E. B. 215.)

262 — Jean Baptiste PIGALLE, par *Saint-Aubin*, toute marge. — Edme BOUCHARDON. — Guillaume COUSTOU, par *Saint-Aubin*, 3ᵉ des cinq états (E. B. 60). — Michel Ange SLODTZ, par Lau. *Cars*. 4 p. de sculpteurs in-4. Très belles ép.

263 — Alexis PIRON, in-4, par *Aug. de Saint-Aubin*. (E. B. 217.)

264 — L'Abbé POMMIER, in-4, par *Aug. de Saint-Aubin*. (E. B. 219.) Très belle ép., marge vierge.

265 — P. PRAULT, typographe, par Lau. *Cars* 1755. — L. F. PRAULT fils, par L. J. *Cathelin* 1766. 2 p. in-4. Très belles ép.

266 — J. L. RADIX, chanoine de l'église de Paris, in-4, par *Demarteau*. Très belle ép.

267 — G. Th. RAYNAL, in-8. profil à droite, par *Saint-Aubin*. — In-8, dirigé à gauche, par *De Launay*, toute marge. — In-4, par *De Launay*. 3 p. Très belles ép.

268 — J. RESTOUT, eau-forte pure. — Terminé. 2 p. in-4, par *Cochin*. Superbes.

269 — J. Ant. RIGOLEY de Juvigny, par *Miger*, in-4. Superbe ép., toute marge.

270 — Joseph Charles RŒTTIERS, in-4, par *Aug. de Saint-Aubin*. Superbe ép., marge. (E. B. 239.)

271 — A. ROSLIN, peintre, in-4, par *Nicolet*. Superbe.

272 — J. F. J. SALY, sculpteur, in-4, par J. F. *Rousseau*.

273 — SARRAU, par *Watelet*. — M. J. Savalete de BUCHELAY, par *Aug. de Saint-Aubin*. 2 p. in-4. Très belles.

274 — A. L. SEGUIER, avocat général, in-4, par *Cochin*. Très belle ép. remargée à claire-voie.

275 — Louis de SILVESTRE, maître de dessin des enfants de France, in-4, par H. *Watelet*. Superbe.

276 — Alexandre comte de STROGONOFF, petit in-fol., par *Pasch*. Belle ép.

277 — Victor TRISTAN, économe du château de Bicêtre, par *Baron*. Très belle ép. — Le prince de TURENNE, 2 p. in-4.

278 — J. Ch. Ph. TRUDAINE, in-4, par *Aug. de Saint-Aubin*. (E. B. 256.) Très belle.

279 — A. B. J. TURGOT, intendant de Limoges, in-4, par *Watelet*. — Profil à droite, in-8, par *Dupin*. 2 p. Très belles ép.

280 — J. N. W. DE VALOGNI. — Cl. Alex. De Villeneuve comte de VENCE. 2 p. in-4, par *Watelet*. Superbes ép., marge.

281 — Carlo VANLOO, peintre, par *Daullé* 1754. In-4. Superbe.

282 — Cl. Joseph VERNET, peintre de marines, in-4, par B. A. *Nicolet* 1781. Superbe ép., grande marge.

283 **Collyer**. La princesse LOUISE fille du prince Ferdinand de Prusse, petit in-fol. d'après *Bardon*. Belle ép., marge.

284 **Condé**. Mme HILLIGSBERG dans le ballet le Jaloux puni. Superbe ép. en costume masculin qui a été changé, avant la lettre, toute marge.

285 **Copia**. Le porte-drapeau de la fête civique, in-fol. d'après *Boyli*. (C'est le portrait de CHENARD.) Superbe ép., marge. (P. B. 110.)

286 — Mlle DE GENLIS, coiffée d'un chapeau, in-8, d'après *Miris*. Superbe ép., toute marge. (P. B. 116.)

287 — D'après *David*. Tête de MARAT mort, in-fol., toute marge. Superbe ép. (P. B. 117.)

288 **Coqueret**. A. Ph. CUSTINE, député et général, in-4. Superbe, suite de *Levachez*.

289 — Le général HOCHE, d'après *Hilaire Ledru*, en pied, grand in-fol. Manière noire.

290 **Cossin**. Valentin CONRART. Très belle ép. petit in-fol.

291 **Cosway** (d'après), Horace BECKFORD, en pied, petit in-fol., par *Condé*, charmant portrait. Superbe ép.

292 — GEORGES prince de Wales, en pied, petit in-fol., par *Saillard*. Superbe ép.

293 — Mme JACKSON, en pied, par *Condé*, petit in-fol. Superbe ép.

294 — Louis Philippe Joseph duc d'ORLÉANS, en pied, petit in-fol. Rare. Très belle ép. Collection Mulbacher.

295 **Couché** et autres. Portraits pour illustrer l'Empire. 28 p. in-8, des doubles.

296 **Cousin** (S.). Elisabeth GROSVENOR, in-fol. d'ap. Lawrence. Très belle ép., marge.

297 **Coypel** (d'après Ch.). AYMON premier général de la calotte in-4, terminé par *Joullain* 1726. Porte-manteau de Louis XV, petit in-fol. Superbe ép., toute marge.

298 **Crespy** (chez). Mme la princesse d'ESPINOY. Charmant petit portrait dans un entourage orné d'Amours. Superbe et rare.

299 — M. L. G. De PARME, reine d'Espagne, charmant petit portrait dans un entourage orné d'Amours. Très belle ép., rare.

300 — M. le prince de GALLE, petit portrait charmant dans un entourage orné. Superbe ép., très rare.

301 **Croisier** (Marie-Anne). Famille d'ORLÉANS, trois médaillons soutenus par des Amours et des guirlandes de roses. In-8 très-belle ép.

302 **Croutelle** (L.). C. F. TRIPIER-LEFRANC. In-8, superbe ép., marge vierge, rare. Collection Em. Martin.

303 **Cunego.** BERNIS, cardinal. In-4., d'ap. *Callet.* Très-belle épreuve, marge vierge.

304 — Frédéric II, roi de Prusse, en pied entre deux chiens, très grand in-fol. d'après *Cunningham*, manière noire.

305 **Daniell** (W^{m}). Charles Geneviève Louise Auguste André Thimothée Chevalier d'EON, de profil, en femme. Petit in-fol. d'après *Dance.* Très belle ép., rare, grande marge. Collection Behague.

306 **Daullé** (J.). Henri-François d'AGUESSEAU, chancellier. In-4, d'après *Vivien*, 1703. Très belle ép. (Catalogue Em. Delignières, 1).

307 — BARON, célèbre comédien, d'après *de Troy.* Superbe ép. in-fol. avant la planche oxydée, sans marge. (E. D. 8).

308 — Charles de BASCHI, marquis d'Aubais. Petit in-fol., d'après *Peroneau*, 1746. Superbe ép. (E. D. 7.)

309 — Marguerite de Valois, comtesse de CAYLUS, d'après *Rigaud.* In-fol., superbe ép., grande marge. (E. D. 84.)

310 — Abraham de FABERT, maréchal. In-8., superbe ép. (E. D. 17.)

311 — Mme ***Favart.*** En pied, role de Bastienne, d'après *Vanloo.* Superbe ép., in-fol., marge. (E. D. 18.) Collection Roth.

312 — FRÉDÉRIC-AUGUSTE, roi de Pologne. In-4. (E. D. 5.)

313 — GAUFFECOURT, citoyen de Genève. In-fol., d'après *Nonotte*. Superbe ép. marge. (E. D. 23.) (Le dit Landriry.)

314 — Claude DESHAIS-GENDRON, médecin de la faculté de Montpellier. In-fol. d'après *Rigaud*. (E. D. 24.) Très belle ép.

315 — F. de la PEYRONIE, chirurgien, 1755. In-fol. Très belle ép., marge, 1re ép. avant *la tête peinte par Rigaud,* en bas à gauche. (E. D. 58.)

316 — 1737. LOUIS XV, jeune, cuirassé, dirigé à droite. Petit in-fol., d'après *Rigaud*, superbe ép. (E. D. 35.) Collection Lorin.

317 — 1738. LOUIS XV, étant jeune, cuirassé, dirigé à gauche. Petit in-fol. Superbe ép., grande marge. (E. D. 33.) Avant la ligne : Dessiné par *Lemoine*.

318 — Le Dauphin, enfant né le 4 septembre 1729. In-fol., d'après *Sim. Belle*. Superbe ép. (E. D. 34.) C'est le fils de Louis XV. Superbe ép. marge.

319 — Jean MARIETTE. In-fol., d'après *Pesne*. (E. D. 43.)

320 — Pierre-Louis Moreau de MAUPERTUIS, voyageur en Laponie. In-fol., d'après *Tournière*. Très belle ép. grande marge. (E. D. 44.)

321 — Catherine MIGNARD, comtesse de Feuquière. Elle soutient le portrait de son père. In-fol., superbe ép. (E. D. 47.) Avant : Se vend chez l'autheur, place de Cambray à Paris.

322 — L. P. d'ORLÉANS, duc de Chartres, né en 1725, encore jeune. In-fol., d'après *Belle*. Superbe ép. (E. D. 50.)

323 — Mlle PELISSIER, actrice de l'Opéra, assise sur des rochers. In-fol., d'après *Drouais*. Superbe ép., 1er état, adresse chez Drouais. Marge. (E. D. 57.)

324 — J. F. de Chastenet de PUYSEGUR. Petit in-fol. Très belle ép.. marge. (E. D. 66.)

325 — H. RIGAUD peignant sa femme. In-fol. Très belle ép. (E. D. 69.)

326 — J. B. ROUSSEAU. Grand in-fol., d'après *Aved* à mi-corps, tenant une plume. Très belle ép., grande marge. (E. D. 71.)

327 — Les fils de RUBENS. In-fol., d'après le tableau de la Gal. de Dresde, belle ép.

328 — Cl. de SAINT-SIMON, évêque de Metz. Grand in-fol., d'après *Rigaud*. Superbe ép. (E. D. 74.)

329 — 1744. CHARLES-EDOUARD, fils aîné de Jacques Stuart. In-4. Superbe épreuve. (E. D. 78.)

330 — Henri-Benoist STUART, 2me fils de Jacques. Très belle et rare ép. avant la lettre, in-fol., toute marge. (E. D. 79.)

331 — Pierre SUTAINE, abbé de Ste-Geneviève. In-fol., d'après *Guillemard*. Belle ép. (E. D. 81.)

332 — S. A. S. Mme Anastasie, née princesse de TROUBETSKOY, d'après *Roslin*. Grand in-fol., en pied, assise. Très belle ép., petite marge. (E. D. 2.)

333 **Dauvergne** (R. N. G), 1773. Mlle de MONTULLÉ. l'aînée. In-4., d'après *Gonzales*. Magnifique ép. avant toute lettre. — La même, superbe ép. avec la lettre. 2 p., grande marge.

334 **David**, 1771, DIDEROT. In-4, avant la lettre, superbe ép.

335 — 1772. Gaspard NETSCHER, sa femme et son fils. In-fol., d'après lui-même. Superbe ép., grande marge.

336 **De Blois** (A.). Ortance MANZINI, duchesse de Mazarin. Manière noire, in-4., d'après *Lely*. Très belle ép., marge.

337 **Debucourt** (Dessiné et gravé par). S. M. CHARLES X, en pied, en manteau royal. Grand in-fol., marge, manière noire, très belle ép.

338 — Mlle LUNDENS. In-fol, d'après *Rubens*. Très belle ép., marge.

339 — Mme SAINT-AUBIN, actrice. Grand in-4., d'ap. *Boilly*. Superbe ép., grande marge, très rare.

340 — Rempailleur de chaise, d'après *C. Vernet*. (C'est Tiercelin dans ce rôle.) Petit in-fol., marge.

341 **Delannoy** (Ferd.). Caroline WARNER, ovale. Grand in-8, sur chine, marge, in-fol. Superbe ép.

342 **De la Rue**, 1751 (d'après). M. de Nestier, écuyer sous Louis XV, à cheval. In-fol. Très belle ép., toute marge.

343 **Delatre.** Beaumarchais. In-8, très belle ép., marge.

344 **De Launay** (N.), Bernard de Bonnard, d'ap. *Vestier*. In-8, superbe ép. Il était poëte et sous-gouverneur des fils du duc d'Orléans.

345 — Etienne Fr. duc de Choiseul. In-4, superbe ép., avant les noms d'artistes, marge. Collection Gouverneur.

346 — Jean-Baptiste-François de Troy, fils, d'ap. Aved. In-fol. Très belle ép.

347 — François Le Bloy, abbé de Clairevaux. In-fol., d'après *Roslin*. Superbe ép., marge.

348 — Sebastien Le Clerc fils. In-fol., d'après *Nonotte*. Marge, très-belle ép.

349 — Claude-Henri de Fusée de Voisenon, académicien. In-12. Charmant portrait. Superbe ép., marge.

350 **Delegorgue**. Marie de Rabutin Chantal, marquise de ***Sévigné***. In-fol., d'après le pastel de *Nanteuil*. Superbe ép., marge, rare. Collection Lorin.

351 **Delvaux.** Baron acteur — De Belloy — Charron — P. Corneille — Th. Corneille — Crebillon — Gresset — Ant.-Fr. Joly — La Bruyère — Le Franc de Pompignan — Le Sage — J. Palaprat — Alexis Piron — B.-J. Saurin.

Ces 14 petits portraits in-18. Superbes ép. la plupart avec marges pourront être divisés.

352 **De Marcenay** (A.). M. P. de Voyer de Paulmy, comte d'ARGENSON, ministre de la guerre. In-8, d'ap. *Nattier*.

353 — HENRI IV. In-8. Très belle ép. marge.

354 — Victor de Riquety, marquis de MIRABEAU, dit l'Ami des hommes. Petit in-fol., d'après *Aved*, belle ép.

355 — J. Maxime de Chastenet, marquis de PUYSEGUR. In-4, magnifique ép., avant toute lettre, rare. Collection Em. Martin.

356 — Le prince EUGÈNE DE SAVOIE. In-8., d'après *Kopeski*. Superbe ép. marge. Collection Gouverneur.

357 — STANISLAS-AUGUSTE, roi de Pologne. In-8., très belle ép. Collection Em. Martin.

358 **Denon**. Son portrait par lui-même. In-4, d'ap. *Isabey*. Eau-forte vigoureuse.

359 — BARERE à la tribune. In-fol., eau-forte, superbe ép., avant toute lettre, toute marge, rare.

360 — Celeste COTTELLINI, profil dans un rond équarri. Superbe ép., petit in-4, eau-forte, toute marge.

361 **Dequevauviller**. Mme la duchesse de PHALARIS. In-8., avant la lettre, sur chine, toute marge, superbe. Collection Em. Martin.

362 **Desnoyers**. Le roi de Rome enfant, d'après *Gérard*. Superbe ép.

363 — Ch. Maurice de TALLEYRAND Perigord. En pied, assis, grand in-fol., superbe ép., lettre grise, sur chine, toute marge.

364 **Desplaces.** Mademoiselle DUCLOS, artiste, d'après de *Largillière*. In-fol., très belle ép., marge.

365 **Devritz.** THEROIGNE DE MERICOURT. In-8, superbe ép., toute marge (d'après l'original de la Bibliothèque).

366 **Dickinson.** Mme de TALLEYRAND, princesse de Benevent, en pied, d'après *Gérard*. Très grand in-fol., très belle ép., marge, toujours avant la lettre.

Napoléon ayant refusé de la reconnaître comme telle, la lettre ne fût pas gravée au bas.

367 — Comtesse ZAMOISKA et ses enfants. Très grand in-fol. d'après *Gérard*. Manière noire, belle ép., avant la lettre.

368 **Dien** (M. F.). GATTEAUX, graveur de médailles, né à Paris, en 1751. — Mme GATTEAUX, 2 p. in-fol., d'après *Ingres*. Superbes ép., toute marge, calcographie.

369 — Comte E. de NIEUWERKERKE. In-fol., d'après *Ingres*. Superbe ép., sur chine, toute marge.

370 **Dossier.** Vertumne et Pomone (Anne-Varice de Vallière). In-fol. d'après *Rigaud*. Très belle ép., marge.

371 — Bernard de Fontenelle. In-8, d'ap. *Rigaud*. Belle ép.

372 **Drevet** (P.). Nicolas BOILEAU-Despreaux. In-fol. d'ap. *Rigaud*. Magnifique ép., marge. (Catalogue Ambroise-Firmin Didot, 24.)

373 — Louis-Auguste de Bourbon, prince de Dombes, duc du Maine. In-fol., d'après *de Troy*. Magnifique ép. (A. F. D. 60.) Rare.

374 — Louis-Auguste de Bourbon, prince de Dombes, duc du Maine. (A. F. D. 61.) 1er état, très rare, avec l'écusson aux armes des batards de Bourbon. Très belle ép., marge.

375 — Le même avec la fleur de lys qui a remplacé les armes. 2me état, rare, belle ép.

376 — Louis-Alexandre de Bourbon, comte de Toulouse. (A. F. D. 63.) Il est très jeune, grand in-fol., d'après de Troy.

377 — Louis-Alexandre de Bourbon, comte de Toulouse, le bras droit étendu. (A. F. D. 64.) 1er état, avec les deux ancres en sautoir et avec peint par *Hyacinthe Rigaud*. Rare, superbe ép., grand in-fol. Collection Gouverneur.

378 — Louis, duc de Bourgogne, père de Louis XV. Grand in-fol., d'après *Rigaud*. Très belle ép., marge. (A. F. D. 54.) Avant la lettre, rare. Collection Lorin.

379 — Christine-Caroline de Wurtemberg, marquise de Brandebourg. Grand in-fol., très belle ép., marge. (A. F. D. 28.)

380 — Louis-Henri de Bourbon, prince de Condé. Grand in-fol., d'après *Gober*. Superbe ép.

381 **Drevet** (P.). Robert de Cotte, architecte in-fol. d'après Rigaud, belle ép., toute marge. Calcographie. (A. F. D. 34.)

382 — Ph. de Courcillon, marquis de DANGEAU, in-fol. d'ap. *Rigaud*. Magnifique ép. grande marge. (A. F. D. 36.).

383 — Léonard DELAMET, curé de Saint-Eustache de Paris, grand in-fol. d'après *Rigaud*, superbe ép. (A. F. D. 82). Collection Didot.

384 — Marie Cadesne femme DESJARDINS, d'après *Rigaud*, in-fol. Très belle ép., petite marge. (A. F. D. 38).

385 — Charles Gaspard DODUN, marquis d'Herbault, grand in-fol. d'après *Rigaud* (A. F. D. 39). Très belle ép.,

386 — Cardinal de FLEURY. Grand in-fol. d'après *Rigaud*. Très belle ép. (A. F. D. 48).

387 — Jean FOREST peintre. In-fol. d'après *Largillière*. (A. F. D. 49). Belle épr., collection Gouverneur.

388 — Balthazar Henri de FOURCY, abbé de Saint-Vandrille. Très belle épr., collection Gouverneur.

389 — François GIRARDON sculpteur. Grand in-fol. d'après *Vivien*. Très belle ép., marge. (A. F. D. 69).

390 — Christian de GULDENLEU, à mi-corps d'après *Rigaud*. Grand in-fol. 2e état avant la retouche à la perruque. (A. F. D. 71). Superbe ép., très rare. Collection Didot.

391 — Le même, 3e état avant-dernier, très belle ép., rare, la perruque retouchée au sommet. Collection Didot, collé.

392 — Louis Hideux, curé des Saints-Innocents. Petit in-fol. Très belle ép., d'après *Delescrinierre*, grande marge. (A. F. D. 72).

393 — Jean Issaly conseiller, in-4 d'ap. *N. de Largillierre.* Superbe ép., rare. (A. F. D. 74).

394 — Jean Baltazar Keller, commissaire général des fontes pour l'artillerie. Grand in-fol. d'après *Rigaud*, superbe ép., grande marge. (A. F. D. 76). avant l'adresse de Bligny.

395 — Nic. Lambert, président de la Chambre des Comptes. Très belle ép., in-fol. d'après *Largilliere.* (A. F. D. 80). Collection de Corneilhan.

396 — Hélène Lambert dame de **Motteville**, d'après *Largilliere*, in-fol. Superbe ép. avec adresse rue du Foin qui fut effacée. (A. F. D. 98).

397 — Marie de Laubespine femme de N. Lambert, in-fol. Très belle ép., avant l'indication de la rue après Drevet. (A. F. D. 81).

398 — Jean François Paul de Bonne de Crequi duc de Lesdiguières. In-fol. d'après *Rigaud.* Très belle ép. (A. F. D. 88).

399 — Louis le Grand, a mi-corps d'après *Person*, appuyé sur son bâton de commandement près de son casque. 1er état, très grand in-fol., le plus rare des portraits de Louis XIV. Très belle ép., (A. F. D. 52).

400 — Louis XIV. Ovale équarri, très grand in-fol. (A. F. D. 53).

401 — Louis grand dauphin de France. In-fol. d'ap. *Rigaud*. Très belle ép., avec la dédicace à la princesse de Conti, avant chez Bligny. (A. F. D. 56).

402 — Louis XV jeune, en manteau, assis sur le trône, grand in-fol. d'après *Rigaud*, remargé. (A. F. D. 58).

403 — Louis Auguste de Bourbon prince de Dombes, à mi-corps d'après *de Troy*, Grand in-fol. superbe ép., très rare. (A. F. D. 62).

404 — Le même en haut de sa thèse en deux feuilles jointes. Très rare, état non décrit.

405 — François Louis de Bourbon prince de Conti, d'après *Rigaud*. Le nègre soutient le manteau. Très grand in-fol., très belle ép., rare. (D. 66).

406 — J. M. Mitantier, greffier de l'Hôtel-de-Ville de Paris, d'ap. *N. de Largillierre*, belle ép., grand in-fol. 2me des cinq états. (A. F. D. 95).

407 — Le même portrait en contre-partie. Grand in-fol. par un anonyme, superbe ép., avant toute lettre. Collection Gouverneur.

408 — Marie de Neufchâtel Vallangin, duchesse de Nemours, à mi-corps, assise, grand in-fol. d'après *Rigaud*. Très belle ép. marge. (A. F. D. 115).

409 — L. Ant. de Noailles, cardinal archevêque de Paris, d'après *Rigaud*, superbe ép., grand in-fol., chez Bligny (A. F. D. 101).

410 — Adrien Maurice de Noailles, maréchal. Grand in-fol. d'après *de Troy*, superbe ép., marge. (A. F. D. 102).

411 — Louis PHELYPEAUX, marquis de La Vrilliere. In-fol. d'après *Gobert*. Très belle ép. (A. F. D. 83).

412 — PHILIPPE V, roi d'Espagne. Grand in-fol. d'après *Rigaud*. Magnifique ép., avant chez Bligny, marge (A. F. D. 41).

413 — Le même avec adresse chez Bligny.

414 — Maria SERRE, mère de *Rigaud*. Superbe ép., in-fol. (A. F. D. 110).

415 — RIGAUD tenant sa palette, in-fol. d'après lui-même. Très belle ép., (A. F. D. 111).

416 — H. RIGAUD tenant un porte-crayon. Très belle ép., avec 1721, avant le manteau raccourci, in-fol. (A. F. D. 112).

417 — Isaac Jacques de VERTHAMON, évêque de Conserans. Grand in-fol. d'après *F. de Troy*. Très belle ép. Collection Gouverneur. (A. F. D. 122).

418 — Louis Hector duc de VILLARS, maréchal, etc., grand in-fol. d'ap. *Rigaud*. Très belle ép., avant dernier état. (A. F. D. 123).

419 — Arnold de VILLE, inventeur de la machine de Marly, très belle ép., petit in-fol., grande marge. (A. F. D. 124). 1er état, très rare. Collection Didot.

420 **Drevet** (P. Imbert). SAMUEL BERNARD en pied, assis. Très grand in-fol. d'après *Rigaud*, avant conseiller d'État. Très belle ép., remargée. (A. F. D. 11).

421 — Samuel Bernard, conseiller d'État, en pied assis. Très grand in-fol., belle ép., d'après *Rigaud*. (A. F. D. 11).

422 — J. B. Bossuet en pied d'après *Rigaud*. In-fol. Très belle ép., avec un seul point. (A. F. D. 12). La marge et le papier très jaunes.

423 — Ch. Jer. de Cisternay du Fay. In-8 d'après *Rigaud*. Très belle ép. d'un charmant portrait remargé. (A. F. D. 13).

424 — P. Nic. Couvay. In-fol. d'après *Tourniere*. Très belle ép. (A. F. D. 14).

425 — Guil. Dubois cardinal archevêque de Cambray, à mi-corps. In-fol. d'après *Rigaud*. Très belle ép. petite marge. (A. F. D. 15). Collection Gouverneur.

426 — Claude Le Blanc, ministre de la guerre, d'après *Le Prieur*. In-4. Superbe ép., (A. F. D. 23) Collection Camberlin.

427 — Adrienne Le Couvreur, rôle de Cornélie. In-fol., d'après *Ch. Coypel*. Superbe ép., grande marge. (A. F. D. 24).

428 — Louis XV enfant, conduit par Minerve au temple de l'Immortalité. In-fol. d'après *Coypel*. Très belle ép., (A. F. D. 22). Collection Didot, toute marge.

429 — François de Mailly cardinal archevêque de Reims. In-fol. (A. F. D. 26). d'après *Vanloo*.

430 — Louis duc d'Orléans (le dévot,) fils du Régent, d'après *C. Coypel*. Superbe ép., petit in-fol. toute marge, chez Bligny. (A. F. D. 21).

431. — Louise Adélaïde d'Orléans, abbesse de Chelles. Grand in-fol. d'après *Gobert*, magnifique ép., marge. Collection Camberlin. (A. F. D. 19.)

432. — Louise Adélaïde d'Orléans, abbesse de Chelles. In-4, d'après *Gobert*. Rare et très belle ép., avec la crosse, sans marge. (A. F. D. 20). Collection Soleil.

433. — Réné Pucelle, conseiller au Parlement. In-fol. d'après *Rigaud*, belle ép. Collection Gouverneur. (A. F. D. 29).

434. — Marie Clémentine Sobieska, épouse de Jacques III Stuart. In-fol. superbe ép., petite marge, rare. (A. F. D. 10). Collection Gouverneur.

435. — M. de Tressan, à genoux devant la Vierge, dit le grand Bréviaire, d'après *Vanloo*. Petit in-fol. marge.

436. **Drevet** (Claude). Jean Victor Besenval, baron de Brunstat. In-4, superbe ép., Collection Didot. (A. F. D. 7).

437. — Marg. Henriette **le Bret** de la Briffe. 4e femme de Cardin le Bret, en Cérès, d'après *Rigaud*. Grand in-fol. Très belle ép., grande marge. (A. F. D. 9).

438. — 1740. Alexandre Milon, évêque de Valence. In-fol. d'après *Rigaud*. Superbe ép., marge. (A. F. D. 11).

439. — Henri Oswald, cardinal d'Auvergne. Grand in-fol. d'après *Rigaud*, belle ép., toute marge

440 — Christophe Steiger, consul de Berne. In-fol., belle ép., remargée. (A. F. D. 13).

441 — Le comte de Sinzendorf (Philippe Louis). Grand in-fol. d'ap. *Rigaud*. Superbe ép., avant-dernier état. (A. F. D. 15). Collection Behagne.

442 **Drouais** (d'après). Les enfants du roi de Sardaigne jouant avec une marmotte. Grand in-fol. par *Melini*, très belle ép., — Les enfants du duc de Choiseul jouant avec un carlin. 2 p.

443 **Dubouchet**. Balthasar Castiglione, d'après *Raphaël*. Grand in-4, marge, grand in-fol. Superbe ép. Chalcographie.

444 **Duchange**. Antoine Coypel en pied, et son fils encore enfant. Très belle ép., in-fol., d'après lui-même.

445 **Duchesne** (Catherine). Mlle Blancheau peintre, d'après *Santerre*, manière noire, petit in-fol. Très belle ép. Collection Didot.

446 **Duflos** (Cl.) 1711. Marc René de Voyer de Paulmy d'Argenson. Grand in-fol., d'après *Rigaud*. Collection Gouverneur.

447 — 1718. Marc René de Voyer de Paulmy d'Argenson, garde des sceaux. Grand in-fol. d'après *Rigaud*. Très belle ép. Collection Gouverneur.

448 — 1704. Michel de Chamillart, né en 1689. Charmant portrait in-8, très belle ép..

449 — F. de Clermont-Tonnerre, évêque et duc de Langres. Grand in-fol. d'après *Tortebat*. Rare. Superbe ép. Collection Didot.

450 — Th. Corneille d'après *Jouvenet*. — Delisle de Sales d'après *Borel*. 2 p. in-8.

451 — Fénelon, entouré de figures allégoriques, d'après *Bailleul*. In-8, superbe ép. Collection Em. Martin.

452 — Paule de Gondy. In-4 d'après *Pezey*. Très belle ép., petite marge.

453 — Jean François Paul de Gondy cardinal de Retz. In-4, très belle ép., marge.

454 — Jeanne de Scepeaulx. — J. F. P. de Bonne de Crequy duc de Lesdiguières. 2 p. in-4. Très belles ép.,

455 **Dugoure** (d'après). Marie de Gonzague reine de Pologne. In-8 par *Droyer*, toute marge.

456 **Dupin**. Louise Marie Thérèse Bathilde d'Orléans, duchesse de Bourbon. superbe ép. In-8, avant le nom de l'artiste, grande marge, Collection Didot.

457 — D'Alembert. — Charles Lee. — Sophie Ch. de Mecklenbourg, reine d'Angleterre. 3 p. in-8.

458 — Georges de La Faye, chirurgien. In-8, superbe ép., marge vierge.

459 — Louis Jean Marie duc de Penthièvre. In-8 d'après *Queverdo*. Très belle ép.

460 — L'abbé de Voisenon. In-8 d'après *Desrais*, marge, belle ép.,

461 **Duplessis-Bertaux** (J.). L. J. B. Etienne Vigée, poète, in-4, d'après *Rivière*. Superbe ép. Très rare, toute marge.

462 **Dupont** (Henriquel). M. L. F. Bertin, à mi-corps. Grand in-fol. D'après *Ingres*. Magnifique ép. avant la lettre sur chine. Signée *Henriquel Dupont*. Toute marge.

463 — Alexandre BRONGNIART, directeur de la manufacture de porcelaines de Sèvres, dessiné en 1836 et gravé en 1850. Superbe ép. d'artiste, chine, avant les noms et dates dans l'estampe. Très rare. Collection Didot.

464 — Le même avec les noms, qualités et dates. Imp. avec ton in-fol. superbe. Toute marge.

465 — Joseph COINT, graveur. In-4. D'après lui-même. Superbe ép. sur chine.

466 — Alex. DESENNE. In-8. Grande marge. Très belle ép.

467 — Mme FEUILLET DE CONCHES. In-8. Superbe ép. sur chine. Toute marge, rare.

468 — HENRI IV étant jeune. Comme roi de Navarre, d'après un dessin du temps qui se trouvait dans le cabinet de M. Hennin. Superbe ép. avant la lettre, sur chine (n° 35.) Rare. Collection Gouverneur.

469 — Le prince LE BRUN, traducteur du Tasse. In-8. Superbe ép. Collection Calamatta.

470 — MONTAIGNE. Ovale in-8. Superbe ép. Toute marge.

471 — 1827. Ch. NORMAND, architecte. Ép. d'artiste. Petit in-4. Très belle ép., marge,

472 — 1846. Auguste Marie Jeanne de Baden-Baden, duchessse d'ORLÉANS. Magnifique ép. petit in-fol. Toute marge. Chalcographie.

473 — Mme PASTA. Rôle d'Anna Bolena. In-fol.

474 — Cl. Em. Jos. P. marquis de PASTORET, assis. In-fol. D'après *P. De la Roche*. Très belle ép. sur chine.

475 — Pierre le Grand. In-fol. D'après *P. Delaroche*. Très belle ép. sur chine.

476 — Rachel. Très joli portrait. In-4. Chine, marge.

477 — Al. Ch. Sauvageot de l'Acad. Royale de Musique, célèbre antiquaire. Petit in-fol. en bistre. Superbe ép. Très rare. Toute marge. Collection Didot.

478 — Portrait d'Ari Scheffer, peintre. D'après *Benouville*. Superbe ép. chine, in-fol. Collection Didot.

479 — Général comte Philippe de Ségur, historien, assis. Grand in-fol. Superbe ép. avant la lettre. Sur chine, marge.

480 — A. Tardieu, graveur. Petit in-fol. D'après *Ingres*. Superbe ép. sur chine, toute marge.

481 — Carle Vernet, d'après *Delaroche*. Superbe ép. Les noms d'artistes à la pointe. Toute marge.

482 **Dupuis** (N.). Jean de Betzkoy, en pied assis, tenant l'estampe du portrait en pied de l'impératrice de Russie. Grand in-fol. D'après *Roslin*.

483 — Le Normant de Tournehem, ordonnateur des bâtiments. D'après *Toqué*. Beau portrait avec habit richement brodé. Ép. in-fol. Superbe.

484 — Monument élevé à Rennes par les États de Bretagne. Statue de Louis XV avec figures allégoriques. Très grand in-fol. D'après le bronze de J. B. Lemoine. Très belle ép.

485 — Statue équestre de Louis XV, érigée en 1743 à Bordeaux. Gravée d'après le bronze de *Lemoine*. Très grand in-fol. Belle ép. collée.

486 — Louis XV tenant son lit de justice, 13 décembre 1756. En pied, assis sur le trône. Très grand in-fol. D'après *Raouste*. Très belle ép. rare. Collect. Didot.

487 **Dupuis** (Ch.). Louis XV jeune, assis sur le trône, couvert du manteau royal. Très grand in-fol. D'après *Ranc*. Belle ép., rare.

488 **Durmer** (P. W.). Madame la comtesse Rasoumoffski. Ovale in-4. D'après Mme *Le Brun*. Superbe ép. en bistre. avant la lettre, marge, très rare. Collection Mulbacher.

489 **Dyck** (d'après Van). Antoine de Bourbon, comte de Moret, 1er état. *Jean Meyssens*. Superbe ép. Collection Gouverneur.

490 **Dyck** (d'après Van). Charles Ier. — Henriette Marie sa femme. 2 portraits en pied. Grand in-fol. par *Gunst*.

491 — Arthur Goodwin — Jane sa sœur. 2 p. en pied. Grand in-fol., par *Gunst*.

492 — Lady comtesse de Carlisle — Patricius vicomte Chaworts. 2 p. en pied. Grand in-fol., par *Gunst*.

493 — Anne comtesse de Chesterfield — W. Villiers, vicomte de Grandisson. 2 p. en pied. Grand in-fol., par *Gunst*.

494 — Marguerite Smith — Philadelphia et Elisabeth Whartons. 2 p. en pied. Grand in-fol., par *Gunst*.

495 **Earlom** (R.). GEORGES III, la reine CHARLOTTE et leurs six enfants en pied, d'après *Zoffani*, 1770. Manière noire. Très grand in-fol.

496 **École hollandaise.** Portrait d'homme en manteau. Superbe ép. petit in-fol., avant toute lettre, remargée.

497 **Edelinck** (Gas.). Georges Paul de Mauleurier LANGERON, abbé de Saint-Antoine. Grand in-fol. D'après *De la Mare*. Très belle ép. Collection Roth.

498 **Edelinck** (Gaspard François) dit le jeune. DIONYSIUS GRANVILLE decanus Dunelmensis. in-4. Superbe ép. Grande marge, rare.

499 **Edelinck** CHARLES III roi d'Espagne, à cheval. Immense in-fol. Superbe ép., avant toute lettre. Très rare, marge. Collection Behague.

500 **Edelinck** (Jean). Jean André comte de MORSTIN et de Radzimin, trésorier de Pologne. In-fol. Très belle ép., rare.

501 **Edelinck** (N.) J. Fr. GUILLAUMON, maître tapissier du clergé, du Parlement, de la ville, etc. Grand in-fol. D'après *Vivien*, Très belle ép. 1er état, avant la date et avant les médailles de la ville aux coins du bas. Collection Roth.

502 — Philippe duc d'ORLÉANS, régent du royaume, à cheval. D'après *I. Ranc*. Très grand in-fol. Superbe ép. rare. Collection Béhague.

503 — Marie de Rabutin-Chantal, marquise de ***Sévigné***. In-8 D'après *Nanteuil ad vivum*. Superbe ép. remargée à claire-voie.

504 — Gérard EDELINCK, graveur. In-fol.

505 — Gérard Edelinck par *Devaux* son élève. Petit in-fol. Superbe ép. Sans marge. Collection Gouverneur.

506 **Edelinck** (Ger.). Ant. Arnauld. (R. D. 140). 1er état avant l'adresse de la Ve Chereau. Très belle ép.

507 — Charles duc de Berry, petit-fils de France. In-fol. D'après *de Troy* (R. D. 147). Très belle ép. marge.

508 — P. Vincent Bertin (R. D. 149.) In-fol. Belle ép., marge.

509 — Georges Joly, baron de Blaisy, président du Parlement de Bourgogne (R. D. 152). Petit in-fol. Superbe ép. Collection Didot.

510 — 1702. Nicol. Blampignon, pasteur de Saint-Merry. In-fol. (R. D. 153). Très belle ép. remargée. Collection Didot.

511 — J. B. Bossuet, évêque de Meaux, (R. D. 156). Magnifique ép., toute marge.

512 — Louis duc de Bourgogne. In-fol. (R. D. 158). Très belle ép., marge.

513 — Isabelle de Bragance, infante de Portugal, en pied, entourée de figures allégoriques. Petit in-fol. (R. D. 160) Très belle ép., grande marge, très rare.

514 — Roger de Rabutin, comte de Bussy, in-4, d'après *Le Fébure*. Superbe ép. (162).

515 — Philippe de Champagne, d'après lui-même. (R. D. 164), in-fol. Très belle ép. remargée.

516 — J. B. M. COLBERT, archevêque de Toulouse, in-fol. (R. D. 172), avant-dernier état. Vente Rochoux.

517 — Ph. COLLOT, opérateur pour l'extraction de la pierre, in-4. Très belle ép.

518 — René DESCARTES. Grand in-4. Très belle ép. (R. D. 181) 1er état, marge.

519 — Martin V. D. Bogaert dit DESJARDINS, sculpteur (182). Très belle ép., toute marge. Grand in-fol. Chalcographie.

520 — CH. d'HOZIER, généalogiste, d'après *Rigaud.* Très belle ép., marge, grand in-fol. Chalcographie.

521 **Edelinck.** FERDINAND évêque de Paderborn, in-4. 2 très belles ép. 1er et 2e état (R. D. 202.) Collection Didot.

522 — FERDINAND, prince évêque de Paderborn, soutenu par la Sagesse et la Religion (R. D. 203.) Superbe ép.

523 — GHERARDI de la Comédie italienne, in-8 (R. D. 214). Très belle ép.

524 — Chrétien HUYGHENS, physicien, avant la lettre. Superbe ép. (R. D. 225). Collection Didot.

525 — Dominique comte de KAUNITZ. (R. D. 228). Grand in-fol. Superbe.

526 — Jean Jacques KELLER, commissaire des fontes de l'artillerie (R. D. 229). Superbe et très rare ép., 1er état avant toute lettre. Des collections Robert Duménil et Camberlin.

527 — Jean de La Quintinie, horticulteur, in-4. (R. D. 236). Très belle ép.

528 — Ch. Le Brun, peintre, grand in-fol. (R. D. 238). Très belle ép., toute marge. Chalcographie.

529 — Frédéric Léonard, premier imprimeur du roi et du clergé (R. D. 242), à mi-corps, in-fol. d'après *Rigaud*. Très belle ép. Collection Gouverneur.

530 — Michel Le Tellier, chancelier de France in-fol. Superbe ép. chez Drevet (R. D. 244.) Collection Gouverneur.

531 — Jean Paul de Lionne, aumônier du roi (R. D. 247), avant-dernier état. Belle ép. in-fol.

532 — Louis XIV, roi de France, in 8 (R. D. 248). Très belle ép., toute marge.

533 — Louis XIV en pied en empereur romain, conseillé par Minerve, petit in-fol. (R. D. 254). Collection Lorin. Superbe ép.

534 — Louis XIV, buste entouré de figures allégoriques (R. D. 255), 1er état, marge. Très belle ép. Collection Robert Duménil.

535 — Louis XIV à mi-corps (R. D. 256), grand in-fol. Très belle ép.

536 — Louis XIV. Son buste sur un bouclier, soutenu par la Religion, d'après *Le Brun*. Triomphe de l'Église, en deux feuilles grand in-fol., non jointes, état malade, collées (R. D. 258), 1er état, très rare. Collect. Calamatta.

537 — LUDOVICO MAGNO, à cheval. Thèse de la Paix, d'après C. *Le Brun*, en deux feuilles très grand in-fol., jointes. (R. D. 259.) 3e état, très belle ép., très rare, très tachée. Collection Calamatta.

538 — LOUIS XIV donnant la main à la Paix. Thèse de J. B. Colbert de Croissy, en 2 feuilles grand in-fol., non jointes. (R. D. 260), d'après C. *Le Brun*. Collect. Calametta.

539 — Marquis de LOUVOIS, médaillon soutenu par Bellone et Mars (R. D. 261), belle ép. grand in-fol. Collection Rignon.

540 — François MANSART, architecte, in-4. (R. D. 256). Très belle ép.

541 — Jules Hardouin MANSART, architecte, grand in-fol., d'ap *Rigaud*. Belle ép. (R. D. 267), marge.

542 — Jean ROUILLÉ, comte de Meslay (R. D. 273), in-fol., très belle ép., marge. Collection Didot.

543 — Mme de MIRAMION, in-4, d'après *de Troy* (R. D. 275). Superbe ép., marge. Collection Didot.

544 — la même, in-8, rognée, belle ép. (R. D. 276). Collection Didot.

545 — L. MORERI, auteur du dictionnaire historique. (R. D. 280), petit in-fol., d'ap. *de Troy*. Très belle ép.

546 — Robert NANTEUIL, dessinateur et graveur, grand in-4, belle ép. Collection de Corneilhan.

547 — PHILIPPE duc d'Anjou (R. D. 294), in-fol., d'après *de Troy*, très belle ép.

548 — PHILIPPE V à cheval, galopant, petit in-fol. (R. D. 295). 1er état, d'après *Teodoro Ardemano*, et 2e état. 2 p. petit in-fol. Très belles ép.

549 — PIERRE second, roi de Portugal, in-4. Très belle ép. (R. D. 296).

550 — R. POISSON, en pied, rôle de Crispin (R. D. 299.). Très belle ép., marge, avant-dernier état, in-fol. Collection Camberlin.

551 — J. B. Colbert marquis de SEIGNELAY, in-4 (R. D. 318), belle ép.

552 — P. SIMON graveur (320), in-fol, 2e des 4 états. Très belle ép. Collection Rignon.

553 — Max. de Béthune, duc de SULLY. in-4, Superbe ép., marge (R. D. 323).

554 — Paul TALLEMANT, académicien, in-fol., belle ép. (R. D. 324).

555 — Paul TALLEMANT académicien (R. D. 324), in-fol, très belle ép. Collection Meaume.

556 — Édouard Colbert, marquis de VILLACERF, ordonnateur des bâtiments, etc., grand in-fol. (R. D. 336), très belle ép. Collection Didot.

557 **Elluin**. Marie DUMESNIL, de la Comédie française, grand in-4. Superbe ép., grande marge.

558 — Jean Louis LARUETTE — Marie Thérèse Villette fe LARUETTE de la Comédie italienne. 2 p. d'après *Le Clerc*, grand in-4. Superbes ép., marge.

559 **Ethiou** (A.). Le chevalier de BOUFFLERS. in-8, eau forte pure et terminé avant la lettre. 2 superbes ép., toute marge.

560 **Faber.** Master John PRIDEAUX BASSET, en pied, manière noire, in-fol., marge.

561 — William the III à cheval, au fond une bataille, manière noire, in-fol.

562 **Faithorne.** H. D. Cary Baro de LEPPINGTON. — Gulielmus SANDERSONUS. 2 p. in-4. Belles ép.

563 **Faldoni.** Sébastien RICCI, peintre, in-fol. Superbe ép., toute marge.

564 **Fessard** (Steph.) 1755. Le prince de CONDÉ, in-8 en travers d'après *Monnet*. Très belle ép. Collection Em. Martin.

565 — Catherine DE SEINE, femme Du Fresne, née à Paris, in-8 d'après *Aved*. Superbe.

566 — DORAT, médaillon soutenu par une Muse, charmante composition d'après *Hoin*. Superbe ép., marge.

567 — Hortense Mancini, duchesse de Mazarin, in-8. Belle ép.

568 **Fessard** (Petrus). LOUIS QUINZE, à mi-corps en manteau royal. Très grand in-fol. Superbe ép., marge, très rare.

569 **Ficquet.** ARIOSTE in-12, avant toute lettre, la tablette blanche sans les armes.

570 — De CHENNEVIÈRES, inspecteur des hôpitaux avec le C au mot Cincere. Superbe ép. 2e des 4 états. (Faucheux 31.)

571 — De CHENEVIÈRE, poète, in-8. Ep. avec le mot *Cincere* auquel on a ajouté une cédille.

572 — CORNEILLE (Pierre). Très belle ép. in-8.

573 — Joliot de CRÉBILLON, in-8, d'ap. *Aved*. Très belle ép.

574 — DESCARTES, in-8 d'après *Hals*.

575 — Abraham DU QUESNE, in-8 d'après *Petiteau*. Superbe ép., marge. Collection Soleil.

576 — Ch. EISEN, peintre. Très belle ép. in-8, remargé.

577 — GABRIELLE D'ESTRÉES, in-8, marge. Belle ép.

578 — FAGON, médecin du roi, in-8, d'après *Rigaud*. Très belle ép., marge. Collection Soleil.

579 — Marie Duchesse de FONTANGES, in-8. Très belle ép., marge.

580 — LA FONTAINE. Superbe ép. in-8, d'ap. *Rigaud* avec le ruisseau blanc.

581 — Le même, le ruisseau teinté. Très belle ép.

582 — LA FONTAINE des contes, in-8 d'ap. *Rigaud*. Belle ép., marge.

583 — F. DE LA MOTHE LE VAYER, d'après *Nanteuil*. Belle ép., marge.

584 — G. G. LEIBNITZ, in-4. Très belle ép. Collection Didot.

585 — Henri De LORRAINE comte d'Harcourt, in-8, d'après *Mignard*. Très belle ép. Collection Soleil.

586 — Françoise d'Aubigné, marquise de **Maintenon**, in-8, d'après *Mignard*. Très belle ép.

587 — J. J. Dortous De MAIRAN, in-4, d'après *Toquet*. Collection Didot.

588 — MOLIÈRE, in-8, d'après *Coypel*. Belle ép., les noms d'artistes en petits caractères.

589 — Michel de MONTAGNE, in-8. Belle ép., d'après *Dumoustier*.

590 — Ant. François PRÉVOST, auteur de Manon Lescaut, in-8. Autre petit ovale avec *Salimidt delinea, Ficquet scu*, mais n'est pas du maître. 2 p. remargées.

591 — REGNARD, in-8, d'après *Rigaud*. Très belle ép., marge.

592 — 1763. J. B. ROUSSEAU, in-8, d'après *Aved*. Très belle.

593 — J. J. ROUSSEAU, d'après de *La Tour*. Très belle ép. in-8, remargé.

594 — RUBENS, en tête de page, tiré des peintres de Descamps. Belle ép. avant le texte au verso.

595 — Jean Joseph VADÉ, chansonnier, in-8 d'après *Richard*. Très belle ép.

596 — VOLTAIRE, in-8, d'après *La Tour*. Très belle ép. remargée.

597 **Fiesinger**. MIRABEAU, petit in-fol. d'après *Guérin*, première ép. avec fond vert.

598 — Députés de 1789, in-8. Superbes et 1res ép. en bistre. 21 p.

599 **Filloeul** (G.) d'Abbeville. Armand Jean Boutillier de RANCÉ, abbé de la Trappe, in-4 d'ap. *Rigaud*. Superbe ép.

600 **Fittler**. Mme la Marquise de SÉVIGNÉ, in-8. Belle ép.

601 **Flameng**. Mlle GALLICHON en pied, in-8. Superbe ép. sur chine, avec dédicace signée, marge in-fol.

602 — Mme de GIRARDIN, in-8 avant la lettre, d'ap. *Chasseriau*, toute marge.

603 — Mme de **Pompadour**, d'après *La Tour*, en pied avant la lettre, chine, marge.

604 — Personnages de la Révolution. 16 p. in-8, ép. tirées sur papier de chine volant.

605 **Flipart** (J. J.) 1763. Jean-Baptiste GREUZE, peintre, d'après lui-même, profil à droite in-4. Magnifique ép., toute marge.

606 **Folkema.** M. DE VOLTAIRE, in-8. Très belle ép.

607 **Folo.** Mme LE BRUN, petit in-fol., d'après *Tofanelli.* Très belle ép., toute marge.

608 **Forster.** ALBERT DURER, d'après lui-même, petit in-fol., toute marge. Très belle ép.

609 — Alexandre de HUMBOLDT, in-4, d'après *Steuben.* Très belle ép., toute marge.

610 — LOUIS I, roi de Bavière, in-fol.

611 — Maréchal MARMONT. — OUDINOT, sur chine. 2 p. in-fol.

612 — RAPHAEL étant jeune, la tête appuyée sur son bras droit, in-fol. 4e ép. d'essai. Superbe, très rare, toute marge.

613 — Le duc de WELLINGTON, en pied, d'après *Gérard*, 1814, grand in-fol. Belle ép.

614 **Fouquet.** Mme LE VAILLANT, autre femme, et militaire. 3 portraits au physionotrace.

615 **Fosseyeux.** GODOY, prince de la Paix, en pied, in-fol. avant la lettre, marge. Très belle ép.

616 **Fragonard** (Honoré). Son portrait dans un rond entouré de feuillages. En bas une tête de Satyre soutient la tablette qui porte son nom ; dans la marge à gauche, *C. Le Carpentier fecit aqua forti.* Superbe ép. in-8, rare.

La manière de faire de cette pièce est tellement identique à celle des bas reliefs de Fragonard, que l'on pense qu'elle est de lui, malgré le nom de son élève.

617 **Franck** (J.). Le duc de MORNY à mi-corps, grand in-fol. Magnifique ép. d'artiste, avant toute lettre, sur chine, toute marge. Signée.

618 **François** (J. C.) 1707-1769. Catherine-Henriette d'ANGENNES, comtesse d'Olonne, in-8. Très belle ép., marge. Collection Soleil.

619 — Marie de Pologne (LECZINSKA), reine de France, in-fol. Très belle ép., marge.

620 **François** (Alph.) Le général BONAPARTE franchissant les Alpes, d'après *Paul Delaroche*, immense in-fol. avant la lettre. Magnifique ép. sur chine, toute marge.

621 — Le même, magnifique ép. sur chine avec la lettre, toute marge.

622 — Anne-Elisabeth-Louise VERNET DELAROCHE. Grandville 1843. Médaillon. Superbe ép. sur chine, rare.

623 — MICHEL ANGE, in-fol., d'après lui-même. Superbe, toute marge.

624 — 1842, LE TITIEN. Superbe ép. sur chine, avant la bordure et avant toute lettre. Il n'existe que trois ép. de cet état.

625 **Frey** (Iac.) CLEMENTINA, reine de la Grande-Bretagne, grand in-fol.

626 **Fritzsch**. FRÉDÉRIC II roi de Prusse, grandeur naturelle, d'après *Pesne*. Superbe ép.

627 **Fritschius**. J. de LALANDE, in-8, d'après *Pujos*, charmant portrait d'une grande finesse.

628 **Gabriel** (d'après). Couthon, Hébert le père, Duchesne, Henriot, Maillard. 4 p. in-8, marge, in-4.

629 **Gaillard** (R.). Henri Léonard-Jean-Baptiste Bertin, secrétaire d'État, grand in-fol., d'après *Roslin*, à mi-corps, assis. Très belle ép.

630 — Fr. Castanier, in-fol., d'après *Rigaud*. Belle ép.

631 — Catherine, princesse de ***Galitzin***: née princesse Cantemir. In-fol., d'après *Vanloo*. Très belle ép., remargée.

632 — Guil.-Fr. Joly de Fleury, d'après *Didier*, très beau portrait. In-fol., superbe ép., toute marge.

633 — Lamartinière, chirurgien. In-fol., d'après *Latinville*, belle ép.

634 — Ludovica Ulrica. In-fol., d'après *Latinville*. Très belle ép., marge.

635 **Gainsbourg** (d'après). Lord Rodney, vice-amiral, en pied. Grand in-fol., manière noire, par *Dupont*. Très belle ép., marge.

636 **Galard** (G. de). Duc d'Angoulême, avant et avec l'encadrement. La duchesse d'Angoulême et portrait d'homme. Lithog., 4 p.

637 **Garnier**. Charles X, d'après *Gérard*, avant la lettre, sur chine. — Avec la lettre. 2 p. in-fol. Superbes.

638 — Pozzo di Borgo, d'après *Gérard*. In-fol., avant la lettre, superbe.

639 **Gaucher**. Fanny ***Beauharnais***. In-8, rare, très belle ép. (Catalogue Portalis et Beraldi, 25,) 1er état, la tablette blanche.

640 — St. J. de Boufflers, poëte. In-8, superbe ép., marge. (P. et B. 28.)

641 — Fortunée BRIQUET. In-8, d'après de *Noireterre.* Superbe ép., toute marge. (P. et B. 29.)

642 — Jean-Fr. CAILHAVA. In-8, d'après *Pujos.* Superbe ép., toute marge. Collection Em. Martin. (P. et B. 32.)

643 — J.-A. Poncet de la Rivière, comtesse de CARCADO. In-8, d'après Mlle *Loir.* Elle est coiffée d'un bonnet. Superbe ép. Collection Em. Martin. (P. et B. 34.)

644 — L. de Bourbon CONDÉ (le grand). In-8, très belle ép. (P. et B, 42.)

645 — C. A. DEMOUSTIER, auteur des lettres à Emélie. In-12, belle ép. (P. et B. 45.)

646 — DIDEROT, d'après *Greuze.* In-8, très belle ép., avant la lettre, la tablette blanche, 1er état. (P. et B. 49.) Toute marge.

647 — Mme la comtesse **du Barry**. Médaillon orné de roses, au-dessous les emblêmes de l'amour. Charmant portrait d'après *Drouais,* vrai chef-d'œuvre. Superbe ép. avant la lettre et avant les ombres sur l'ovale. (P. et B. 50.) Très rare de cet état, avant le 1er état, décrit.

648 — 1786. Ch. Marg. J. B. DU PATY, président du Parlement de Bordeaux. In-4, d'après *Notté.* Très belle ép. (P. et B. 52.) — Le même in-12. Très belle ép. 2 p.

649 — FÉNELON, d'après *Vivien,* petit ovale. In-8, superbe ép., remargée. (P. et B. 59.)

650 — FLORIAN. In-12, d'après *Villers.* Belle ép., marge (P. et B. 61.)

651 — Auguste Von KOTZEBUE. Ovale, in-12, d'ap. *Bolt*. Superbe ép., 1er état, avant la lettre. (P. et B. 85.)

652 — Jean-Benjamin LA BORDE, auteur des chansons. Petit ovale in-12, magnifique ép., avant le cuivre coupé, marge, grand in-8. (P. et B. 86.) Rare.

653 — Pierre LASSUS, né à Paris. In-8, d'après *Giraudet*. Très belle ép. (P. et B. 91.)

654 — **Marie Leczinska**, d'après *Nattier*, 1755, entourée d'une guirlande de roses, sur un champ fleurdelysé. In-8, en travers. (P. B. 112.)

655 — 1763. Jean-Jacques ROUSSEAU. In-4, très belle ép., marge. (P. et B. 142.)

656 — Roch - Ambroise SICARD, instituteur des sourds et muets. Grand in-8, superbe ép. avec *Fausseret*. 1er état. Collection Em. Martin. (P. etB. 145.)

657 — Le même 2e état avec *Fousseret* et à la place des deux lignes *Par quel prodige*, il y a quatre vers. *Les muets et les sourds*. Très-belle ép. remargée.

658 — Le comte de VERGENNES. In-12 avec attributs, très belle ép. (P. et B. 151.)

659 — Charles VILLETTE, député à la Convention. In-8, très belle ép. (P. et B. 153,)

660 — Baïf — Belleau — Desportes — Dubellay — Marot — Mellin de Saint-Gelais — Ch. d'Orléans — Passerat — Ronsard — Scevole de Ste-Marthe — Saluste du Bartas. 11 p. in-12, belles ép.

661 **Gaucherel** (Léon). Jeanne d'Albert de Luynes comtesse de Verrue, d'après la miniature du cabinet de M. le baron Pichon. Superbe ép., toute marge, grand in-8.

662 **Gaulon.** Ch.-Fr. d'Aviau du Bois de Sanzay, archevêque de Bordeaux, grandeur naturelle. Lith. d'après *Galard.* Colorié, rehaussé d'or, rare.

663 **Gaultier** (L.). Pierre Charron, parisien prédicateur. In-8, superbe ép. Collection Soleil.

664 **Gavarni.** 1842. Son portrait, lith., par lui-même, sur chine, in-4, toute marge, rare, superbe.

665 — Mme la duchesse d'Abrantes. In-4. Superbe ép. de l'Artiste, toute marge.

666 — 1840. H. Monnier, acteur, dessinateur. In-4, très belle ép., sur chine, tirée de l'Artiste, toute marge.

667 **Geille.** Général Lafayette. Superbe ép. in-fol., avant toute lettre, toute marge.

668 **Gérard** (d'après). Louis XVIII dans son cabinet, très grand in-fol. Très belle ép., avant toute lettre, toute marge.

669 **Germain.** A Neuilly 1773. Plus de 80 très petites têtes groupées et réunies, eau forte, in-4, remargée à claire-voie. Collection Em. Martin.

670 **Giffart** (P.). M.-F. Le Tellier, marquis de Louvois, ministre, buste grandeur naturelle. Superbe ép. Collect. Didot.

671 **Girard.** L.-J.-N. de Monmerqué, de l'Institut, médaille. In-8, très belle ép.

672 — Mlle Sontag, d'après *P. Delaroche*. Manière noire in-fol., avant toute lettre. Superbe ép., toute marge.

673 — Mlle Sontag, role de dona Anna. Manière noire in-fol., d'après *P. Delaroche*. Très belle ép., toute marge.

674 **Giraud.** Le président Richardot et son fils. In-fol., d'après *Rubens*. Superbe ép. avant la lettre, toute marge. Chalcographie.

675 **Giraud** (E. A.) l'aîné, 1788. Françoise de Castellane, marquise de Mirabeau. In-8., d'après *Toqué*. Superbe ép., charmant portrait rare.

676 **Gmelin** (W. F.). Joseph II, empereur. Petit in-fol. d'après *Hickel*. Belle ép.

677 **Godefroy**, 1810. Marie-Louise, en pied, dessinée à Saint-Cloud. Ép. avant la lettre, in-fol., tachée.

678 — Le cardinal Maury. Grand in-fol., marge.

679 — Mme Barbier Valbonne, élève de Garat. 1er ouvrage qui a obtenu le 1er prix de gravure. Petit in-fol., superbe ép., toute marge.

680 **Goutière** (T.). Docteur Michon. In-fol. avant la lettre, sur chine, superbe ép., avec dédicace signée.

681 — Le cardinal de Retz. In-4. d'ap. *Sandoz*. Magnifique ép. d'artiste, marge in-fol.

682 **Goya**. Felipe III, rey de Espana et sa femme Marguerite d'Autriche. — Felipe IV et sa femme Isabelle de Bourbon. 4 portraits équestres d'après Velasquez, toute marge.

ŒUVRE DE GRATELOUP

683 **Grateloup** (P. B. de). J.-B. Bossuet, à mi-corps, d'après *Rigaud*. Superbe ép., avant la date 1771. Pièce capitale et chef-d'œuvre du maître, marge.

684 — J.-B. Bossuet, en buste, ovale, in-12, superbe ép., marge.

685 — Descartes. In-12, d'après *Hals*. Superbe ép. marge.

686 — John Dryden. In-12, d'après *Kneller*, Superbe ép., marge.

687 — Fénelon. In-12. Superbe ép., marge.

688 — Adrienne Lecouvreur. Avant toute lettre, Cornélie est dans la tablette avec une encre jaune. Superbe ép., marge.

689 — Montesquieu, profil, d'après *Dacier*. In-12, superbe ép., toute marge.

690 — Cardinal Polignac. In-12, superbe épreuve, marge.

691 — J. B. Rousseau, in-12, sur chine. Superbe ép., marge.

692 — L'Espagnolette, petit ovale.

693 **Grateloup** (J. P. S. de). Trois petits soldats, d'après Callot. — Deux têtes d'orientaux, 2 petites p., très grandes marges.

694 — Louis XV, petite médaille remargée.

695 — Mesenguy, ovale in-12 sur chine.

696 **Grevedon** (d'après). Portrait d'une jolie femme avec des roses dans les cheveux, in-8, par *Smith*. Superbe et très rare, marge.

697 **Grignon**. César de Bourbon Vendôme, prince d'Anet, amiral de France, in-fol., entouré d'attributs.

698 — Marie de Neufville, dame de Coursello, petit in-fol. Superbe, toute marge, rare. Collection Didot.

699 **Guérin** (C.) 1785. François Xavier Richter, maître de chapelle de la cathédrale de Strasbourg. in-4. Très belle ép., marge.

700 **Guillaumot**. Sarah Bernhardt, A. Brohan, Croizette avant la lettre, Gérome, Céline Montalant. 5 p. in-12, à l'eau-forte. Très belles ép., toute marge.

701 **Guttemberg**. Monument érigé à Genève à J. J. Rousseau, grand in-fol., d'après *Barbier*.

702 **Gwin**. Georges III. Les grâces et le génie de la peinture désignant son portrait. Superbe ép. avant la lettre, petit in-fol. en travers.

703 **Habert**. M. le Dauphin en pied assis, *Carolus Allard excudit*, in-fol., rare, remargé.

704 — Marie Anne-Victoire de Bavière, dauphine, grandeur naturelle. Très belle ép. Collection Didot.

705 — La même, Dauphine in-4, tenant des fleurs. Très belle ép. Collection Didot.

706 — Philippe de France, duc d'Orléans frère unique du roi, grandeur naturelle. Très belle ép. Collection Behague.

707 — Scaramouche, in-4 avant toute lettre. Les noms et titres sont à l'encre au bas, Superbe ép. Collection Em. Martin (il est dirigé à gauche).

708 — Copie du même dirigé à droite, sur l'ovale est en grandes lettres *Scaramvzza so memo sgvaqvera* chez Bonnart est effacé. Très rare. Collection Behague.

709 **Henriquez.** D'Alembert, Diderot, 2 beaux portraits, petit in-fol., marge.

710 — Louise-Marie-Adélaïde de Bourbon, duchesse de Chartres, en pied, assise près de rochers, au bord de la mer, grand in-fol., d'après *Duplessis*. Superbe ép., très rare. Collection Laberaudière.

711 **Hertel** (G.), Ch. Frédéric II, roi de Prusse. — Marie-Thérèse, impératrice. 2 portraits équestres, petit in-fol. d'après *Baronius*. Belles ép.

712 **Hodges.** Général Pichegru, manière noire, in-fol., lettre grise.

713 **Hofel** 1856. La famille Mozart, d'après *De la Croce* 1779, grand in-fol. Superbe ép. sur chine, grande marge.

714 **Hooghe** (R. de). Jean III Sobieski à cheval, au fond une bataille. Très grand in-fol., très rare, état malade.

715 **Hopwood.** J. J. ROUSSEAU ovale orné in-8. Superbe ép. avant la lettre, sur chine, petit in-fol.

716 — CHATEAUBRIAND, in-8 avant la lettre. Superbe ép., toute marge.

717 — F. Cooper, Fénelon, Fielding, La Fontaine, La Harpe orné, Montesquieu, Napoléon, Richardson, Walter Scot. 9 p. in-8. Superbes ép., toute marge.

718 **Houbraken** (J.) 1749. Son portrait à mi-corps, tenant une estampe, petit in-fol. Magnifique ép., grande marge.

719 — 1774. BUFFON, in-4, d'après *Drouais*. Superbe ép., marge.

720 — CATHERINE impératrice de Russie, née en 1689, in-8. Très belle ép.

721 — Olivier CROMWELL, avec scène au bas, petit in-fol. Très belle ép., grande marge.

722 — Hugo GROTIUS, et sa femme 2. Très belles ép., petit in-fol. imprimées sur la même feuille, grande marge.

723 — MARGUERITE de Parme. Superbe ép. avant toute lettre, grand in-8. Collection Gouverneur.

724 — Marie-Christine d'Autriche, Barbeyrac, Imhoff, Rousset, Van Collen et autres. 8 p. belles et très belles ép.

725 — Personnages célèbres, Hollandais in-8. Superbes ép. avant la lettre. 17 p.

726 — Personnages célèbres Hollandais in-8. Très belles ép. 31 p.

727 **Housman.** Marie-Adélaïde CLOTILDE Xavière de France, princesse de Piémont, in-8. Superbe ép., toute marge. Collection Em. Martin.

728 **Hubert.** J. P. T. de COSSÉ-BRISSAC, grand in-8 d'après *P. de Saint Aubin.* Très belle ép., toute marge.

729 — LAMOIGNON MALESHERBES, in-fol. avant toute lettre. Très belle ép.

730 — L. J. Barbon Mazarini, Mancini duc de NIVERNOIS, in-8 d'après *Vigié.*

731 — Gilles de la Roche de SAINT-ANDRÉ, — chev. de VALBELLE, 2 p. grand in-8, d'ap. *Graincourt.*

732 **Huber.** d'OLIGNY, actrice célèbre d'après *Vanloo.* Belle ép. in-fol.

733 **Huot.** D. V. Baron DENON, in-fol. d'après *Prudhon.* Superbe ép., in-fol. Chalcographie.

734 — FRÉDÉRIC II, roi de Prusse, in-8. Très belle ép.

735 **Huret** (Grégoire). P. A. de COISLIN, cardinal, in-fol. Très belle ép. Collection Didot.

736 — François FOUQUET, évêque de Bayonne, in-fol. Très belle ép., rare. Collection Didot.

737 **Ingouf** (P. C.) 1771. Jean Georges WILLE, graveur, profil, médaillon in-4 d'après son fils. Superbe ép., grande marge.

738 **Ingouf** junior 1776. GÉRARD DOW, à une fenêtre jouant du violon, in-fol., d'après lui-même. Très belle ép., marge.

739 — J. J. FLIPART, graveur, in-4. Très belle ép., grande marge.

740 — Joseph de LAPORTE, abbé, auteur de l'Esprit de l'Encyclopédie. Charmant portrait in-8, d'ap. *Pougin de Saint Aubin.* Très belle ép.

741 — Le jeune, J. J. ROUSSEAU, in-4. Très belle ép., marge.

742 **Isabey.** Mme la duchesse de DINO, in-4, et autres portraits de femmes, grand in-8, lithog. 5 p. très belles.

743 **Isabey** (d'après). BONAPARTE, 1er consul, à la Malmaison, en pied, grand in-fol. Superbe ép. avant toute lettre, marge, tache d'eau dans la marge.

744 **Isac** (Iaspar). Ch. Catherine de LA TRÉMOUILLE, princesse douairière de Condé, grand in-8. Très belle ép., rare, remargée.

745 **Jacquet** (J.) 1877. Mme RÉCAMIER en pied, d'ap. *J. L. David.* Superbe ép. sur chine, toute marge.

746 **Jacquinot** (Louise) Edme Seb. JEAURAT, doyen des astronomes, d'après *Gois* 1789, rare, in-4. Superbe ép., toute marge. Collection Em. Martin.

747 **Jeanron.** Collot d'Herbois, Danton, Camille Desmoulins et autre anonyme, 4 eaux-fortes, rares, in-8. Superbes ép. sur chine, toute marge.

748 **Jeaurat** (E.) Nicolas VLEUGHELS, peintre, d'ap. *Pesne*, in-fol. Très belle ép., toute marge.

749 **Johannot** (Tony). Mme de la SABLIÈRE. Superbe ép. in-8 avant la lettre, grande marge.

750 — Mme de la SABLIÈRE, in-8, d'ap. *Colin.* Superbe ép., lettre grise, marge.

751 — Pauline de Meulan, Mme GUIZOT, in-8 avant la lettre, sur chine, toute marge. Superbe.

752 **Joullain.** François DESPORTES peintre, en pied, en chasseur avec ses chiens et sa chasse, d'ap. lui-même, grand in-fol. Très belle ép., marge.

753 **Kilian** (Ph. And.). FRANÇOIS Ier d'Allemagne et non Joseph II comme il est dit au catalogue Behague (1082), d'après *M. de Mytens.* MARIE-THÉRÈSE sa femme. 2 p., très grand in-fol. Très belles ép. petite marge. Collection Behague.

754 **Lacour.** Louis-François Aubert, seigneur de TOURNY, in-8. Superbe ép., toute marge.

755 **Lalauze.** Julie Lucine d'ANGENNES, demoiselle de Rambouillet, entourée de fleurs, in-8, eau-forte. Très belle ép., très grande marge.

756 **Lalive de July.** Louis-Denis. LALIVE DE BELLEGARDE, beau portrait, petit in-fol., rare, d'ap. *Rigaud*, (grand-père de l'artiste.) Collection Didot.

757 — Hygie, déesse de la santé, c'est le portrait de la femme de Lalive de July. (55 de son œuvre.) Très belle ép., marge.

758 **Landry.** Mme la baronne de NEUVILLETTE, in-4.

759 **Langlois** (J.) Mlle CROZAT, in-8, titre du Traité de géographie. Belle ép. remargée.

760 — Marie-Elisabeth JOLY, du Théâtre-Français, in-4, sur chine. Très belle ép., très grande marge.

761. **Larcher.** Mme DUFRESNOY, in-8 avant la lettre, sur chine. Superbe ép., toute marge.

762. **Larmessin.** Louis duc de BOURBON, in-4. Superbe.

763. — Guil. COUSTOU, sculpteur, in-fol., d'après *De Lien*. Très belle ép., toute marge. Chalcographie.

764. — Nicolas FOUCQUET en pied, petit in-fol., rare.

765. — Duchesse de LA VALLIÈRE, in-4. Belle ép.

766. — Louise de la Baume le Blanc, duchesse de LA VALLIÈRE, tenant une pomme. Elle a un costume riche garni de perles, et des plumes sur la tête, ovale avec entourage orné. Très belle ép., grand in-fol. remargée.

767. — LOUIS XIV étant jeune, en buste cuirassé, au bas la boule fleurdelisée et couronnée, grand in-fol. Très belle ép. Collection Didot.

768. — Le même, la figure changée, plus grasse et plus âgée. Très belle ép. remargée.

769. — LOUIS XV, très jeune, en buste cuirassé et manteau royal, in-fol., d'après *Rigaud*. Superbe ép., marge. Collection Lorin.

770. — LOUIS XV, jeune, cuirassé, in-fol., d'après *Vanloo*. Superbe ép., grande marge. Collection Behague.

771. — LOUIS XV, jeune, en pied, d'après *Vanloo*, grand in-fol. Superbe ép., marge. Collection Behague.

772. — LOUIS XV, à cheval, d'après *Parrocel*, grand in-fol. Belle ép.

773 — Louis Dauphin de France, en pied, d'après *Tocqué*, in-fol. Très belle ép.

774 — Marie Josèphe de Saxe, dauphine de France, in-fol. en pied, d'ap. *Vanloo*.

775 — Woldemar de Lowendal, d'après *Boucher*, in-fol. Très belle ép.

776 — Marie princesse de Pologne (Leczinska), reine de France, en pied, en grand costume, d'après *Vanloo*, grand in-fol. Très belle ép., marge.

777 — Catherine Opalinska, reine de Pologne, d'ap. *Vanloo*, grand in-fol. Très belle ép.

778 — Henriette Stuart duchesse d'Orléans. Superbe ép. — Marie Louise d'Orléans fille ainée de Monsieur. 2 p. in-4.

779 — Stanislas I, roi de Pologne, en pied, grand in-fol. d'après *Vanloo*. Belle ép., marge.

780 **Lasinio** (C. de), La reine d'Etrurie, profil in-8 avec vers au bas, format in-4. Très rare.

781 **La Tour** (d'après de), René Fremin, in-fol., par *Surugue*. Très belle ép., toute marge.

782 — Hubert Gravelot, in-4, par *Massard*. Très belle ép.

783 — Marie Gab. L. de La Fontaine. Solare de la Boissière, in-fol., par *Petit*. Superbe ép., grande marge.

784 — Marie Josèphe de Saxe, dauphine, in-4, par *Aubert*.

785 — Voltaire, in-4, par *Langlois*. Superbe ép., la tablette blanche, et avant toute lettre, marge.

786 **Laugier**. Jacques DELILLE, grand in-fol. d'ap. *Danloux*, toute marge.

787 — La reine HORTENSE, d'après *Girodet*, petit in-fol. Très belle ép., marge.

788 — 1835. NAPOLÉON en pied debout dans son cabinet, d'après *David* 1812. Grand in-fol. Superbe ép. avant la lettre (49) avec dédicace. Signé Jarry éditeur à son ami Pelletier, marge vierge.

789 **Laurent**. Antoine Petit, médecin, in-4, d'ap. *Pujos*. Très belle ép.

790 **Lawrence** (d'après). AGAR ELLIS, in-8. Superbe ép. avant la lettre, sur chine, très grande marge.

791 — Edward lord ELLENBOROUG, grand in-fol., lettre grise sur chine, toute marge.

792 — Lady Selina MEADE comtesse Clam-Martinics, in-fol., marge.

793 **Le Bas**. Ninette (c'est Mme FAVART) en jardinière. Belle ép., grand in-8 remargé.

794 **Lebeau**. Bayle, — le chevalier d'Eon, — Laharpe. 3 p. in-8.

795 — M. P. Bouvart, médecin, — J. P. Cossé-Brissac. 2 p. in-8, toute marge.

796 — Mlle DESBROSSES, comédie italienne, médaillon entouré de fleurs, in-8.

797 — M. G. DESBROSSES, — Mlle LESCOT. 2 p. in-8, toute marge.

798 — Mme la comtesse DU BARRI, médaillon entouré de roses, au bas les emblèmes de l'amour, in-8, d'après *Marilly*. Belle ép., toute marge.

799 — Mlle DUTET, médaillon avec attributs, in-8. Très belle ép., toute marge.

800 — Benjamin FRANKLIN, in-8, d'après *Desrayes*.

801 — Marie Adélaïde CLOTILDE Xavière, Madame, sœur du dauphin, grand in-8. Médaillon richement orné de fleurs. Très belle ép. d'après *Fontaine*, toute marge.

802 — R. N. Ch. Aug. de MAUPEOU, chancelier, — baron de MONTESQUIEU. 2 p. in-8. Très belles ép., toute marge.

803 — Louis-Philippe, duc d'ORLÉANS, né en 1725, in-fol. d'ap. *De l'Orme*. Très belle ép., margé.

804 — Louise-Marie-Adélaïde de Bourbon PENTHIÈVRE, duchesse de Chartres, in-8, d'après *Le Clerc*, marge.

805 — Louise-Marie-Thérèse-Bathilde d'ORLÉANS, duchesse de Bourbon, médaillon entouré de fleurs. Grand in-8, rare.

806 — Madame la marquise de **Pompadour** en nymphe, d'après *Queverdo*, in-8, marge in-4. Très belle.

807 — F.-A.-M. de **Raucourt**, au bas une scène, in-8.

808 **Le Bossu.** LOUIS le Grand, d'après *Corneille*, à mi-corps, cuirassé à la romaine, appuyé sur son bâton de commandement, très grand in-fol. Très belle ép., très rare.

809 **Le Brun** (G.). Portrait d'homme cuirassé, dans les armes il y a trois maillets, in-fol. d'ap. *Nocroit*. Très belle ép. in-fol.

810 **Le Brun** (D'après Mme). Le Dauphin et sa sœur, enfants de Louis XVI, grand in-fol., par *Blot*. Très belle et rare ép. avant la dédicace, collection Mulbacher.

811 **Lefevre** (Hubert). Alexandre, prince de Neuchâtel (Berthier), en pied, très grand in-folio, d'après *Pajou* fils, 1803. Superbe ép., marge vierge.

812 — Mademoiselle Champmelé, célèbre actrice in-8, d'après une miniature du cabinet Lamesengère, avant la lettre. Superbe ép. toute marge, rare.

813 **Lefevre** (A.), Général Foy d'ap. *H. Vernet*, sur chine. — Napoléon, d'après *Steube*. 2 p. in-fol.

814 — Casimir Perrier d'après *Hersent*, avant la lettre, sur chine, in-fol. Superbe ép., marge.

815 **Leiman** (P.). Victor-Guy Duperré, amiral de France, d'après *Decaisne*, grand in-fol. Magnifique ép. sur chine. Signée à l'ami.

816 **Legenisel**. Alexandre Dumas fils, avant et avec la signature. 2 p. in-8. Superbes ép. sur chine, toute marge.

817 — Mademoiselle Laporte, actrice, petit portrait in-8 charmant profil in-8, sur chine. Superbe ép. avant la lettre, toute marge.

818 — Alfred de Musset en pied, d'après le dessin d'*Eug. Lami*, fac-simile à deux planches noir et bistre. Superbe ép. petit in-fol.

819 **Legrand**. Le duc de Crillon, en 1783, ovale in-8, sanguine.

820 **Leisnier.** 1845. La Fornarina, in-fol., d'après *Raphaël.* Superbe ép. avant la lettre, sur chine, toute marge.

821 **Lemerre.** (Publiés par Ch.). Baudelaire. — André Chénier. — Alex. Dumas père. — Théophile Gautier. — Glatigny enchaîné. — Edmond et Jules de Goncourt. — Rabelais. — Henri Regnault. — Vuillemot. 12 p. sur chine volant. Superbes ép.

822 **Lemire.** Clairon, couronnée par Melpomène. Très belle ép., d'ap. *Gravelot,* in-4.

823 — Louis-André de Grimaldi, prince de Monaco, évêque de Noyon, in-4. Superbe ép., marge. collection Em. Martin.

824 — Jeanne d'Arc in-8, d'aprés l'ancien tableau de l'Hôtel de Ville d'Orléans. Superbe.

825 — 1772. Joseph II. Très petit portrait d'une finesse remarquable. Superbe ép. in-12, marge, grand in-8.

826 — Le général Lafayette en pied, derrière lui son nègre maintient son cheval, grand in-fol., d'après *Le Paon.* Très belle ép.

827 — Poullain de Saint-Foix, ép. superbe avec l'adresse Vᵉ Duchesne, in-8, marge.

828 — Washington, général, en pied, d'ap. *Le Paon,* in-fol. Magnifique ép. avant la lettre. Très grande marge.

829 **Lempereur.** Etienne Jeaurat, peintre, in-fol. d'après *Roslin.* Superbe ép., toute marge.

830 — Jean Moreau, chev. de Sechelles, ministre d'Etat, in-fol. d'après *Valade.*

831 **Le Noir** (Roze). Etienne et Joseph MONTGOLFIER, profils superposés, médaille d'ap. *Houdon*, avec huit vers au bas. Superbe ép. in-8 en bistre, remargée à claire-voie, rare.

832 **Lépicié** (Bernard). Nicolas BERTIN de Paris, peintre, in-fol. d'après *de Lien*. Superbe ép., marge.

833 — Claude CAPPERONNIER, professeur de théologie, etc., d'après. *Aved*. Très belle ép. grand in-fol.

834 — 1733. Charlotte DESMARES, actrice, in-folio. Superbe ép., grande marge. Collect. Visscher.

835 — Cath. DE SEINE, épouse du sieur Dufresne, in-fol., d'après *Aved*. Superbe ép.

836 — Charles Richer de Roddes de la MORLIERRE, in-fol. Superbe ép., remargée.

837 — Antoine WATTEAU, d'ap. lui-même, in-8. Très belle ép., marge,

838 **Leroux**, d'après *Gérard*. Portrait de GÉRARD ? In-4, superbe ép. avant la lettre, toute marge.

839 — 1824. Jeanne d'ARRAGON, in-fol. Superbe ép. avant la lettre.

840 **Leroux**. LAFAYETTE en pied, d'ap. *Scheffer*. Très grand in-fol., très belle ép., marge vierge.

841 **Leroy** (Alphonse). A. F. E. S. de Talhouet, duchesse d'Uzès, 1818-1863. Fac-simile de dessin aux trois crayons, d'après *Adolphe Brune*. Portrait grandeur naturelle, ovale grand in-fol. Magnifique ép., impression en couleur à quatre planches, toute marge; signée à son tout dévoué.

842 **Leu** (Th. de). Jacques de Savoie, duc de Nemours. Belle ép. in-8.

843 **Levachez.** Napoléon premier, empereur des Français, d'ap. *Carle Vernet*, à cheval, immense in-fol. en couleur. Superbe ép., marge.

844 **Levasseur** (J.). Paul Delaroche, in-4 sur chine. Superbe ép., marge in-fol.

845 — Infante Isabelle-Claire-Eugénie, d'après *Van Dyck*, in-fol. Superbe ép., toute marge. Chalcographie.

846 **Levesque.** Jean Causeur, âgé de 130 ans, in-4. Superbe ép., collection Em. Martin.

847 — Augustin-Eugène Hay, né à Paris, in-4, d'après *Lambert*. Très belle ép.

848 — Henri-Louis Le Kain, rôle de Gengis-Kan, in-4 d'après *Castelle*. Belle ép.

849 — M. J. Sedaine, né à Paris, in-4. Superbe ép. remargée.

850 **Lignon.** Bernardin de Saint-Pierre, in-8. Superbe. — Mme de Genlis in-4. 2 p.

851 — Le roi de Rome, avant toute lettre, in-4.

852 — Le général Le Tort, ovale in-8. Magnifique ép. avant la lettre, toute marge. Superbe ép., marge.

853 — Mlle Mars, d'ap. Gérard, petit in-fol. avant la lettre. Superbe.

854 — Louis Philippe, duc d'Orléans, in-fol. Superbe.

855 — Louis Philippe Ier en pied, d'après *Dupré*, 1835, grand in-fol. avant toute lettre, sur chine. Très belle.

856 — Duc de Richelieu, d'ap. *Lawrence*, in-folio. Magnifique ép. avant la lettre, sur chine, toute marge.

857 — Duc de Richelieu, lettre grise in-folio. Très belle ép.

858 — Talma d'après *Picot*. Magnifique ép. avant la lettre, avec le masque en bas, toute marge,

859 **Lingée** (Mme). J. C. P. Lenoir, lieutenant général de police de Paris, in-4, d'après *Pujos*. Très belle ép.

860 — Son portrait personnifiant la peinture et la sculpture. Très belle ép. avant la lettre, marge.

861 — Mlle Raucourt, au bas, la scène de Mithridate, petit in-fol., d'ap. *Freudeberg* et Moreau. Très belle ép., marge. Collée.

862 **Lingée** (Mme). La marquise de Vilette, in-4. d'ap. *Pujos*. Très belle ép., marge.

863 **Liotard** (J. E.). Son portrait par lui-même. Effet, clair-obscur sans sacrifice, in-4. Très belle ép., rare.

864 — Son portrait, 3 gravés et un lithog. 4 p. in-4.

865 — Mme D'Epinay, lithog. in-4, par *Baron*. Très belle ép., toute marge.

866 — Mlle Lavergne, nièce de Liotard, grand in-fol. par *Ravenet*. Superbe ép., marge, très rare, collection Laberaudière.

867 — Théodore Tronchin, médecin, in-4. Très belle ép., marge.

868 — Voltaire, in-8, par *Baleohou*. Très belle.

869 — Une dame Franque de Pera (c'est Marie-Thérèse et sa fille). — Dame Franque de Galata. — Dame de Constantinople. — Sadig Aga. — Mehemet Aga. — M. Lewett. — Nain du grand seigneur. — Un Effendi, etc. 10 p., les figures gravées par Liotard. Superbes ép. petit in-fol. Très rares réunies.

870 **Lips.** Madame Necker, in-8. Superbe, toute marge.

871 **Lithographies.** La duchesse de Berry en prison. — La reine Victoria. 2 p. in-fol. sur chine. Très belles, toute marge.

872 **Littret.** P. L. de Belloy, médaillon soutenu par des figures allégoriques, grand in-8. Très belle ép., toute marge.

873 — Favart, poète, in-8. Superbe ép., d'après *Liotard.*

874 — Le Dauphin père de Louis XVI. — La Dauphine. 2 charmants portraits soutenus par des figures allégoriques, grand in-4. 2 pièces superbes, marge.

875 — 1764. Madame la marquise de **Pompadour**, d'ap. *Schenau* in-4, profil médaillon entouré de roses.

876 **Lombart.** Pénelope Herbert, d'ap. *Van Dyck.* Petit in-fol.

877 — Eugène-Maurice de Savoie, comte de Soissons. Très belle ép. in-fol., d'après *Vaillant,* remargée à claire-voie.

878 **Longhi.** 1798. Bonaparte à la bataille d'Arcole, in-fol., d'ap. *Le Gros*, ancienne ép., collection Eug. Delacroix.

879 **Lorieux.** Louis Sébastien Mercier. Petit in-4, d'après. *Prudhome*, marge.

880 **Louis** (Aristide). Henriquel Dupont, in-4. Superbe ép. avant la lettre, chine volant.

881 — Napoléon, d'ap. P. *Delaroche*. Superbe ép. in-fol. avant toute lettre, avec des essais de pointe dans la marge, toute marge.

882 **Louys** (J.). Anne, femme de Louis XIII, d'ap. *Rubens*. Superbe ép. in-fol., marge.

883 **Lupton.** Buonaparte en pied, d'ap. *R. Lefevre*, 1813, manière noire in-fol. Superbe ép., marge.

884 **Macret.** Joseph Le Gros de l'Académie royale de musique, in-4, d'ap. *Le Clerc*. Très belle ép., marge.

885 **Malgo.** La princesse de ***Lamballe***, en pied, assise, in-fol., manière noire, rognée et remargée.

886 **Marchand** (Mme). C. M. A. marquis de Bonchamp, in-8. Superbe ép., toute marge.

887 **Marchand** (J.). Egide de Bertrand Pibrac, chirurgien de l'école militaire, in-4. Très belle ép., marge.

888 **Marcuard** (R. S.). Comte de Cagliostro, ovale in-4 en bistre. Magnifique ép., marge vierge.

889 **Mariage.** Le maréchal de Richelieu, d'après *Vanloo*, in-8. Très belle ép., remargée à claire-voie.

890 — Louis, duc de SAINT-SIMON, auteur des Mémoires, in-8, d'ap. *Vanloo*, rare. C'est l'original de tous les autres portraits.

891 **Martin**. Le duc de CHARTRES, d'ap. *Robineau*, 1784, petit in-fol. Superbe ép., marge.

892 **Martinet** (A.). Eugène Panon, comte DESBASSYNS de Richemont, administrateur général des établissements français dans l'Inde, in-4. Magnifique ép. sur chine, toute marge, signée.

893 — M. le duc PASQUIER, d'ap. H. *Vernet*, en pied, grand in-fol. Superbe ép. d'artiste sur chine, les noms d'artistes à la pointe, toute marge.

894 **Masquelier**. Pauline de Grignan, marquise de SIMIANE, in-8. Très belle ép.

895 **Massard** (Jean), 1784. CHARLES Ier et sa famille, d'ap. *Van Dyck*. Très grand in-fol. avant toute lettre, avant d'être entièrement terminé. Très belle et très rare ép., marge.

896 — Le même avant la lettre. Belle ép. collée.

897 — Hubert GRAVELOT, in-4, d'après *La Tour*. Superbe.

898 — Nicolas de LIVRY, abbé de Sainte-Colombe, petit in-fol., d'ap. *Tocqué*. Superbe ép. avant la lettre, marge.

899 **Massard** (R. U.). H. J. G. CLARKE, duc de Feltre, en pied, grand in-fol. Très belle ép., marge.

900 — LOUIS XVIII assis, en manteau, d'ap. *Gérard*. Très grand in fol., toute marge, très belle ép.

901 **Massard** (Louis). Général CAVAIGNAC, fac-simile in-4 d'après *H. Vernet*. Superbe ép. sur chine, toute marge.

902 — Mme la Comtesse de CAYLA. — Mme TALLIEN, 2 p. in-8, d'après *Gerard*, en bistre. Superbes ép., toute marge.

903 — Horace VERNET, à mi-corps, in-4, avant la lettre, sur chine. Magnifique ép., marge in-fol., signé.

904 **Masson** (Madalena). Marie-Adélaïde, duchesse de BOURGOGNE, petit in-fol. Très belle ép. remargée.

905 — Le grand Dauphin, grandeur naturelle, *ad vivum*. Très belle ép. grande marge, collection Behague.

906 — Elisabeth-Charlotte, duchesse d'ORLÉANS (la Palatine), grandeur naturelle. Rare.

907 **Masson** (Ant.). Louis ABELLY, évêque de Rhodez, antagoniste de Jansénius, in-fol. Superbe ép. (R. D. 8), collection Lorin.

908 — Louis ABELLY, in-4 octogone non terminé (R. D. 9), rare, collection Camberlyn.

909 — Jérôme BIGNON, grandeur naturelle. Très belle ép. sans marge, collée, avant-dernier état.

910 — Guil. de BRISACIER, secrétaire des commandements de la reine, in-fol., d'après *Mignard* (R. D. 15). Très belle ép., marge.

911 — Gaspard CHARRIER, lieutenant criminel au présidial de Lyon, in-fol., d'après *Blanchet*. Très belle ép. (R. D. 16).

912 — 1677. J.-B. COLBERT, grandeur naturelle (R. D. 18). Très belle ép., rare.

913 — Jacques-Nicolas COLBERT, prieur du Bec, grandeur naturelle. Belle ép., collection Rignon (R. D. 20).

914 — Louis Verjus, comte de CRÉCY (R. D. 23 — 2e état), tête grandeur naturelle, in-fol. Très belle ép.

915 — Marin CUREAU DE LA CHAMBRE, médecin, d'après *Mignard* (R. D. 24 — 1er état). Superbe ép., marge.

916. — 1663. Pierre DUPUIS, peintre de fleurs. Très belle ép. petit in-fol. (R. D. 25).

917 — FRÉDÉRIC-GUILLAUME, dit le grand-électeur de Brandebourg (R. D. 30), in-4. Très belle ép. marge, collection Camberlyn.

918 — Marie de LORRAINE, duchesse de Guise et Joinville, in-fol. (R. D. 32). Belle ép., 3e des 5 états.

919 — Duc d'HARCOURT, dit le Cadet à la Perle. Belle ép. grand in-fol. (R. D. 34), remargé.

920 — LOUIS XIV, en pied, costume riche, petit in-fol. Superbe ép. (R. D. 42).

921 — LOUIS XIV (R. D. 43), in-fol. Très belle ép., marge, collection Camberlyn.

922 — LOUIS XIV, buste grandeur naturelle, d'après *C. Le Brun* (R. D. 44). Superbe ép., grande marge.

923. — LOUIS XIV, buste plus fort que nature (R. D. 45), 2e des 4 états, vol. XI, avant la date de 1676. Très belle ép., rare.

924 — Louis, grand dauphin, grandeur naturelle, très grand in-fol., la tête couverte d'un chapeau (R. D. 46). Très belle ép.

925 — Louis-Auguste, duc du Maine, colonel général des Suisses et Grisons (R. D. 47). Très belle ép. grand in-fol., remargé, rare. Il est grandeur naturelle.

926 — Nicolas Potier de Novion, premier président au Parlement de Paris (R. D. 56).

927 — Olivier Le Fevre d'Ormesson, conseiller et maître des requêtes (R. D. 58). Superbe ép. in-fol., collection Rignon.

928 — Guy Patin, médecin, in-4 d'après nature, 1670 (R. D. 59). Très belle ép. avant l'adresse du graveur.

929 — Le même, in-4, avec l'adresse. Très belle ép.

930 — Charles Patin, médecin, petit in-fol. (R. D. 60). Très belle ép. avec la planche accessoire.

931 — Turenne, grandeur naturelle (R. D. 65). Belle ép. remargée.

932 — Ant. Turgot de Saint-Clair, in-fol. Très belle ép., collection Rignon.

933 **Mécou.** Napoléon François-Charles-Joseph, prince impérial, d'après *Isabey*, ovale, très grand in-8. Très belle ép., marge.

934 — Louise-Marie-Adélaïde de Bourbon Penthièvre, duchesse douairière d'Orléans, in-4, d'après *Dumeray*. Superbe ép., signé.

935 — Collection de 24 portraits d'Empereurs et Impératrices de Russie, d'après *Benner*. Très belles ép., toute marge.

936 **Mellan** (Cl.). Anne d'Autriche, reine de France, en veuve, in-fol. (Montaiglon, 245). Très belle ép. petite marge, collection Roth.

937 — Armand de Bourbon Conti, étant jeune, en abbé, in-fol. (Montaiglon, 180).

938 — Nicolas Fouquet (M. 187). Belle ép. in-fol., avant la retouche.

939 — Claude de Rebé, archevêque de Narbonne. Superbe ép. avant la mèche de cheveux contre la tempe gauche, collection Roth (M. 225).

940 **Mellini**. Ch. J. de Pollinchove, président au Parlement de Flandre, in-fol., d'après *Aved*. Très belle ép.

941 **Metzmacher**. Daniel Stern, Mme la comtesse d'Agoult, in-fol. sur chine d'après *Lehman*. Très belle ép., toute marge.

942 **Meunier**, 1844. Van Dyck, in-8 sur chine avant la lettre, marge petit in-fol. Superbe.

943 **Michel** (J.-B.). Hippolyte de la Tude Clairon, rôle de Médée, petit in-fol, d'après *Pougin de St-Aubin*. Belle ép.

944 **Miger**. Charles, aéronaute, in-4. Superbe ép. Collection Laberaudière.

945 — Charlotte-Catherine de Latrémoille, in-4, toute marge. Superbe ép. Collection Gouverneur.

946 — Carle Vanloo, in-4 — Joseph Vien, deux peintres.

947 — Louis-Michel VANLOO, travaillant au portrait de son père Jean-Baptiste Vanloo, in-fol. Très belle ép., marge vierge.

948 **Miguerct.** FLEURY, comédien français, petit in-fol. d'après *Singry*. Magnifique ép. avant toute lettre, la tablette blanche. Très grande marge.

949 **Moitte.** Henri-Philippe CHAUVELIN, conseiller, in-fol. d'après *Roslin*.

950 — Comte d'Aranda, in-4 — Henri de Rohan — Fr. de Scepeaux, in-8. 8 p.

951 **Moles.** VICTOR-AMÉDÉE III, in-fol. avant la lettre. Superbe ép.

952 **Monsaldi.** L.-Charl.-Ant. DESAIX, en pied, coiffé d'un chapeau, d'après *Dutertre*, au Caire, an 7. Grand in-fol., très rare.

953 — ***Mme Dugazon***, ovale, grand in-8, d'après *Isabey*, en bistre. Belle ép.

954 — B. ISABEY, peintre, d'après *Singry*, ovale in-8. Superbe ép., marge.

955 **Morace.** J. Gotth. MULLER, in-fol. Très belle ép., marge, lettre grise et avec la lettre. 2 p.

956 **Moreau** le jeune. D. PINEAU, sculpteur, in-8, charmant portrait entouré de lierre. Superbe ép., grande marge.

957 **Moreau.** VOLTAIRE, en pied, marche en lisant dans un parc — RAMEAU se promenant dans un jardin public, 2 petites pièces avec entourages ornés, rares. Très belles ép.

958 **Moreau** le jeune (d'après). Médaillon de LOUIS XVI entouré de figures allégoriques, in-fol. Très belle ép. — Médaillon de MARIE-ANTOINETTE entouré de figures allégoriques. Très belle ép. tachée d'huile, 2 p., par *Le Mire*.

959 — La planche du Louis XVI auquel on a substitué le profil de MIRABEAU; en bas, à la place des armes, une frise, scène de la vie de Mirabeau. Belle ép., marge, rare. Ces changements faits par *Guyot*, le nom de Le Mire effacé.

960 — Alexandrine FANIER, Comédie-Française, petit in-fol., par *Saugrain*.

961 **Morghen** (G.). CHAMPIONNET, général en chef de l'armée de Naples, in-4. Belle ép.

962 **Morghen** (R.). ALFIERI, ovale in-8. Superbe ép. lettre blanche, toute marge.

963 — ALFIERI à mi-corps, assis, in-fol., d'après *Fabre*. Superbe ép., marge. Collection Didot.

964 — Lord BYRON, d'après le buste de *Bartolini*, in-4. Magnifique ép., toute marge. Collection de Corneilhan.

965 CHARLES III, roi d'Espagne, grand in-8, d'après *R. Mengs*. — Médaillon entre des figures allégoriques, in-8, en travers, d'après *Tofanelli*, 2 p. Superbes.

966 — Archiduc FERDINAND d'Autriche, enfant, in-4. Superbe ép., marge in-fol.

967 — Archiduc FERDINAND d'Autriche, d'après *Ender*, in-4. Superbe ép., marge in-fol. Collection de Corneilhan.

968 — La Fornarina. Très belle ép., grand in-4°, d'après *Raphaël*.

969 — François Ier, empereur d'Autriche, in-4. Superbe ép., marge in-fol. Collection de Corneilhan.

970 — Lady Hamilton, sous la figure de Thalie, in-fol. Très belle ép., marge.

971 — La princesse d'HOLSTEIN-BECK et sa famille, d'après *Ang. Kauffman*, grand in-fol. Superbe ép., toute marge.

972 — LOUIS XVIII, sous le costume qu'il a porté pour sortir de France en 1791 ; derrière lui, des chaînes désignent qu'il fuit l'esclavage ; au fond, le pont de Valenciennes, ovale, in-fol., très rare. Très belle ép. avant toute lettre, toute marge.

973 — LOUIS XVIII, ovale équarri, profil. Superbe ép. avant la lettre, toute marge.

974 — LOUIS XVIII, in-4, d'après *Augustin*. Superbe ép. avant la lettre, marge in-fol.

Cette épreuve, la seconde qui a été tirée, fut donnée par M. le comte de Blacas, qui l'a fait graver.

975 — Nicolo MACHIAVELLI, ovale in-8, lettre blanche. Superbe ép. Collection de Corneilhan.

976 — Sœur MARIE de l'Incarnation, in-4 — la même, différente, in-8, 2. p.

977 — MARIA FERDINANDA di Sassonia, grande duchesse de Toscane, in-4. Magnifique ép., marge in-fol. Collection de Corneilhan.

978 — Moncade à cheval, d'après *Van Dyck*, très grand in-fol., marge. Superbe ép. avant les contretailles sur la cuirasse.

979 — Mme Domenica-Volpato Morghen — Fortunata Sulgher Fantastici, 2 p. ovales, in-8. Superbes ép.

980 — Napoléon lauré, manteau et collier in-fol. Magnifique ép., lettre blanche, toute marge. Collection Didot.

981 — M. Madeleine de Pazzi, religieuse en extase, in-4. Superbe ép. Collection de Corneilhan, toute marge.

982 — Pie VII, in-fol., lettre blanche. Superbe ép., toute marge. Collection de Corneilhan.

983 — La Poësia, petit in-fol., d'après *Carlo Dolci*. Superbe ép., toute marge.

984 — Raphael d'Urbin, in-4. Très belle ép.

985 — Jean Volpato, petit in-fol., d'après *Ang. Kauffman*. Superbe ép., toute marge.

986 **Morin.** Th. Brachet de la Milletière, conseiller, d'après *Ph. de Champagne*. Très belle ép. (R. D. 48), remargée.

987 — Philippe II, roi d'Espagne (71), petite marge. Très belle ép. Collection Camberlyn.

988 — Omer Talon, avocat (R. D. 74). Superbe ép. remargée.

989 — Augustin de Thou (R. D. 77). Très belle ép. remargée.

990 — Christophle de Thou (R. D. 78). Très belle ép. remargée.

991 **Morse.** La Patti, profil in-4. Magnifique ép. d'artiste sur chine, marge in-fol.

992 **Mosin** (M.). Lovis Dauphin de France (le grand Dauphin), enfant en pied, portant cuirasse; il montre la bataille au fond, avec son bâton de commandement, très grand in-fol. Très belle ép., très rare.

993 — Philippe, frère unique du Roi (duc d'Anjou), à cheval. Très grand in-fol. marge, très rare.

994 **Muller** (G.-A.). Elisabeth, impératrice d'Autriche, femme de Charles VI, en pied, assise sur le trône, très grand in-fol. d'après *J. Van Schuppen*. Superbe ép. avant la lettre, petite marge. Collection Behague.

995 **Muller** (H.-C.). Marquis de Dreux-Brezé, grand in-fol. d'après *Guérin*. Superbe ép. d'artiste sur chine, avec dédicace signée par le graveur.

996 — Camille Jordan, in-4 avant la lettre. Superbe ép., marge petit in-fol.

997 — J. Lafitte, in-fol. d'après *Scheffer*. Très belle ép. sur chine, toute marge.

998 **Muller** (F.). Frédéric-Guillaume-Charles, roi de Wurtemberg, in-fol. avant toute lettre. Superbe ép., toute marge.

999 **Muller** (J.-G.). Louis Galloche, peintre, in-fol. Superbe ép. avant toute lettre.

1000 — Louise-Elisabeth-Vigée *Lebrun*, d'après elle-même, in-fol. Très belle ép. avant toute lettre.

1001 — La même. Très belle ép. avec la lettre.

1002 — Louis LERAMBERT, sculpteur, d'ap. *S. Belle*, in-fol. Très belle ép.

1003 — Louis XVI en pied en manteau, d'après *Duplessis*. Très grand in-fol. Très belle ép., marge. (Il voulut le bonheur de sa nation et en devint la victime.)

1004 — 1783. La tendre Mère (Mme MULLER). In-fol. Superbe ép.

1005 — Jean-Georges WILLE, graveur du roy, petit in-fol. d'ap. *Greuze*. Belle ép.

1006 **Nanteuil.** Jacques AMELOT, premier président de la Cour des aides. Très belle ép., sans marge. (R. D. 19). 1er état, très rare.

1007 **Nanteuil.** ANNE d'Autriche (R. D. 22.) Très belle ép., grande marge. Collection Camberlyn.

1008 — ANNE d'Autriche *ad vivum*, grandeur naturelle. (R. D. 23.) Superbe ép., rare, marge, des Collections Mariette et Camberlyn.

1009 — Simon ARNAULD de Pomponne, ministre d'État, grandeur naturelle (24). Très belle ép.

1010 — Dreux d'AUBRAY, lieutenant civil au Châtelet, père et victime de la Brinvilliers. (R. D. 25.) Très belle ép.

1011 — Cardinal Ant. BARBERIN, archev. de Reims. (R. D. 28.) In-fol. Très belle ép.

1012 — François de Vendôme, duc de BEAUFORT (R. D. 33). Superbe ép., 1er état, grande marge.

1013 — F. de Vendôme, duc de BEAUFORT (R. D. 33). Très belle ép. in-fol., la bordure coupée, 2e état.

1014 — Pomponne de Bellièvre (R. D. 37), d'après *le Brun*. Très belle ép. du chef-d'œuvre du maître, petite marge.

1015 — Charles Benoise, conseiller au Parlement de Paris (R. D. 38). Superbe ép., petite marge.

1016 — François Blondeau, président de la Chambre des comptes (R. D. 40). Très belle ép.

1017 — Gilles Boileau, greffier de la grand'chambre du Parlement de Paris et père du célèbre Boileau (43). Superbe ép., avant-dernier état. Collection Camberlyn.

1018 — Louis Boucherat, chancelier de France, grandeur naturelle (R. D. 46). Superbe ép. Collection Camberlyn.

1019 — Pierre Bouchu, abbé de La Ferté, puis de Clairvaux (R. D. 47). Superbe ép., 1er état.

1020 — Fred.-Maurice de La Tour-d'Auvergne, duc de Bouillon, frère de Turenne. Très belle ép., marge. (R. D. 48.)

1021 — Em.-Th. de Latour-d'Auvergne, cardinal de Bouillon, grandeur naturelle, 1er état avant la décoration du Saint-Esprit (R. D. 52). Très belle ép.

1022 — Em.-Thed. de Latour-d'Auvergne, cardinal de Bouillon (R. D. 53), grandeur naturelle. Superbe ép., 1er état.

1023 — Victor le Bouthillier, archevêque de Tours (55). Très belle ép., 1er état avec l'année.

1024 — Marie de Bragelogne, veuve de Cl. le Bouthillier (57). In-fol. Superbe ép., marge.

1025 — Guy CHAMILLARD, maître des requêtes de l'hôtel (R. D. 59). Très belle ép. Collection Camberlyn.

1026 — Jean CHAPELAIN, académicien (R. D. 60). Petit in-fol. Belle ép. Collection Van der Helle.

1027 — CHARLES V de Lorraine (R. D. 63). Superbe ép., grande marge.

1028 — Charles d'Albert-d'Ailly, duc de CHAULNES, grandeur naturelle (R. D. 65). Très belle ép., remargée.

1029 — CHRISTINE de Suède (R. D. 67). Belle ép. in-4.

1030 — F. de CLERMONT-TONNERRE, évêque de Noyon (R. D. 68). Très belle ép., 1er état, très rare.

1031 — Pierre de Cambout, cardinal de COISLIN (R. D. 69). 1er état, avec 1658. Très belle ép.

1032 — Le même, 2e état avec 1664. Belle ép.

1033 — Jean-Baptiste COLBERT (R. D. 72). Belle ép. Collection Camberlyn.

1034 — Jean-Baptiste COLBERT, grandeur naturelle (R. D. 76). Très belle ép., avant-dernier état, remargé.

1035 — Jacques-Nicolas COLBERT, archevêque de Rouen (R. D. 77), grandeur naturelle. Très belle ép.

1036 — François de Bonne, maréchal de CREQUY (R. D. 81), 1662. Superbe ép. Collection Camberlyn, marge.

1037 — Alexandre DE SEVE, prévôt des marchands (R. D. 82). Très belle ép., remargée.

1038 — Jean Dorieu, président à la Cour des aides (R. D. 84). Superbe ép.

1039 — B. de Foix de Lavalette, duc d'Épernon (R. D. 91), in-fol. Très belle ép.

1040 — César d'Estrées, évêque de Laon. Très belle ép., grande marge (R. D. 92).

1041 — Ch. Faure, premier supérieur de Sainte-Geneviève, in-8 (R. D. 94). Très belle ép.

1042 — Hippolyte Feret, curé de Saint-Nicolas-du-Chardonnet et grand vicaire de Paris (R. D. 95). Magnifique ép., 1er état avant l'inscription sur le socle.

1043 — Gaspard de Fieubet, premier président du Parlement de Toulouse (96). Très belle ép., sans marge.

1044 — Basile Fouquet, abbé de Barbeaux et de Rigny, chancelier des ordres du Roi, 1er état avec 1658. Superbe ép. in-fol. (R.D. 97). Marge.

1045 — Guillaume Egon, landgrave de Furstemberg (R. D. 100), grandeur naturelle. Très belle ép.

1046 — Melchior de Gillier, maître d'hôtel du Roi (R. D. 102). Très belle ép.

1047 — Mme de Gillier (R. D. 103.) Très belle ép.

1048 — J.-B. Budes, comte de Guébriant. Petit in-fol. (R. D. 104). Belle ép.

1049 — François Guénaud, médecin de la Reine (R. D. 105). In-fol., très belle ép.

1050 — Henri de Guénegaud, marquis de Plancy, secrétaire d'État (106). Très belle ép. 1er état.

1051 — François de HARLAY Chanvalion, archevêque de Paris, demi-nature (R. D. 107). Très belle ép., marge.

1052 — L. HESSELIN, maître de la chambre aux deniers (109), ovale in-4. Belle ép.

1053 — Louis HESSELIN, maître de la chambre aux deniers (R. D. 109), ovale dans un encadrement orné de six enfants et deux griffons. Superbe ép. in-fol.

1054 — Louis HESSELIN, maître de la chambre aux deniers. Très belle ép. (R. D. 110), goût de Mellan.

1055 — JEAN-FRÉDÉRIC, duc de Brunswick-Luneburg, grandeur naturelle (R. D. 111). Très belle ép. Collection Camberlyn.

1056 — Denis de LA BARDE, évêque de Saint-Brieuc. In-fol. (R. D. 115), très belle ép., marge.

1057 — Ch. de Laporte, duc de LA MEILLERAYE, maréchal de France (R. D. 118). Très belle ép.

1058 — Guil. de LAMOIGNON, premier président du Parlement de Paris (120). Très belle ép.

1059 — L. Phelypeaux de LAVRILLIÈRE (R. D. 123). Superbe ép., marge. Collection Camberlyn.

1060 — Natalis LE BOULTZ, conseiller, demi-nature (R. D. 124). Très belle ép.

1061 — Michel LE MASLE, chanoine de l'Église de Paris (R. D. 126). Superbe ép., 1er état, sans marge.

1062 — Michel LE TELLIER (130). In-fol. octogone, copie contrepartie, tourné à droite, avant toute lettre, rare. Collection Camberlyn.

1063 — Michel Le Tellier, chancelier (R. D. 135). Superbe ép.

1064 — Michel Le Tellier, chancelier, grandeur naturelle (R. D. 137). Très belle ép. avant que 1674 soit changé en 1676, et la dédicace Bazin changée en celle de P. Ayrault.

1065 — Charles-Maurice Le Tellier, archevêque de Reims, grandeur naturelle (R. D. 141). Superbe ép., 1er état, grande marge.

1066 — La Mothe le Vayer (R. D. 143). Superbe ép., 2e état.

1067 — H.-Aug. de Loménie de Brienne, secrétaire d'État (R. D. 148). 1er état, très belle ép.

1068 — H. d'Orléans, duc de Longueville (149). Très belle ép., grand in-4, collection Camberlyn.

1069 — Loret, poète. (R. D. 150.) Superbe ép. avant la virgule après le nom.

1070 — Jean Loret, poète (150). Belle ép. avec la virgule après le nom.

1071 — F. Lotin de Charny, président au Parlement. Très-belle ép. (R. D. 151).

1072 — Louis XIV (R. D. 153). Belle ép., 2e état (Voir XIe vol avant le 1er état du tome IV), marge.

1073 — Le même, l'entourage changé, il est cuirassé. Très belle ép., petite marge.

1074 — Louis XIV, grandeur naturelle (R. D. 156), coupé à l'ovale.

1075 **Nanteuil.** Louis XIV, grandeur naturelle (R. D. 157), 6e de 9 états avec 1666 qui fut changé en 1667, et avant la banderole sur les fleurs de lys en haut. Très belle ép., collection de Corneilhan, collé.

1076 — Louise-Marie de Gonzague, reine de Pologne (R. D. 164), in-4. Très belle ép., grande marge, collection Van der Helle.

1077 — René de Longueil, marquis de Maisons (R. D. 165), dans le goût de Mellan. Très belle ép., marge, collection Camberlyn.

1078 — Marie-J.-B. de Savoie-Nemours, duchesse de Savoie (R. D. 169). Très belle ép.

1079 — Michel de Marolles, célèbre amateur d'estampes (171). Superbe ép., 1er état, collection Camberlyn.

1080 — Mazarin, cardinal (175). 1er état avant le nom sur la bordure. Très belle ép., collection Camberlyn.

1081 — Gilles Menage, homme de lettres (R. D. 188). Très belle ép. avant l'adresse d'Odieuvre effacée.

1082 — Edoard Molé, président (193), petit in-fol. Très belle ép., marge.

1083 — Fr. Molé, abbé de Sainte-Croix de Bordeaux (R. D. 195). Belle ép., remargée.

1084 — Hardouin de Perefixe, grandeur naturelle (214), 2e des cinq états. Très belle ép., marge.

1085 — J.-F. Sarrasin, homme de lettres, in-4 (R. D. 220). Très belle ép.

1086 — Georges SCUDERY, académicien (R. D. 221). Superbe ép., 1er état, grand in-4.

1087 — P. SEGUIER, chancelier, petit in-fol. (R. D. 223). Belle ép.

1088 — Denis TALON, président à mortier au Parlement de Paris (R. D. 228). Très belle ép., rogné un peu dans la bordure, remargé.

1089 — Denis TALON, grandeur naturelle (R. D. 229). Très belle ép., 1er état, marge.

1090 — Claude THEVENIN (231), 2e des 4 états. Superbe ép., rare.

1091 — TURENNE, grandeur naturelle (R. D. 233). Magnifique ép., marge.

1092 — VOITURE, poète, académicien, grand in-4 (R. D. 234). Très belle ép.

1093 — Pierre de BONZI, cardinal archevêque de Narbonne, grandeur naturelle (Appendice 1). Magnifique ép., collection Camberlyn.

1094 — Louis BOUCHERAT, chancelier de France (R. D. Ap. 2). 1er des 3 états. Très belle ép., collection Camberlyn.

1095 — François-Michel Le Tellier, marquis de LOUVOIS, grandeur naturelle (Ap. 6), grand in-folio, 6e des 10 états. Superbe ép., collection Camberlyn.

1096 — J.-B. COLBERT, au fond le Louvre. — LOUIS XV donnant la paix à l'Europe, par Cars, 2 p. très grand in-folio. Très belles ép., marge vierge.

1097 **Nattier** (D'ap.). La belle Source (c'est, dit-on, Mme de CHATEAUROUX), par *Meliny*. Superbe ép. in-fol., très grande marge.

1098 — La Chasseuse aux cœurs, in-fol, par *Henriquez* (Mlle de BEAUJOLAIS). Superbe ép., très grande marge.

1099 — Mme de *** en Flore, in-fol., par *Voyez* le Jeune. Charmant portrait, superbe ép.

1100 — Flore à son lever, in-fol., par *Maleuvre*. Très belle ép.

1101 — *La nuit passe, l'aurore paraît*, par *Maleuvre*, très belle ép. toute marge.

1102 — Mme la duchesse de *** en Hébé (mère de Philippe Égalité), grand in-fol. par *Hubert*. Superbe.

1103 — La Force par *Balechou*, in-fol. C'est le portrait de Mme de CHATEAUROUX. Très belle ép. avant l'adresse de Surugue. Collection Robert Duménil.

1104 — La Terre, Mme LOUISE ÉLISABETH de France, duchesse de Parme, in-fol. en travers. Superbe ép. par *Balechou*. Très grande marge.

1105 — Le Feu. Mme MARIE HENRIETTE de France, par *J. Tardieu*. Superbe ép., marge, in-fol. en travers.

1106 — La Terre. Mme Louise Élisabeth de France, par *Balechou*. — L'Air. Mme Adélaïde, par *Beauvarlet*. — L'Eau. Mme Louise Thérèse Victoire, par *Gaillard*. 3 p. in-fol. en travers. Très belles ép. remargées.

1107 **Naudet**. La femme de J.-J. Rousseau en pied. In-4. Superbe ép., marge.

1108 **Nocret** (d'après). PHILIPPE d'Orléans, frère unique du roi. — HENRIETTE d'Angleterre, 2 p. très grand in-fol., très rares.

1109 **Pallière** (J.). Théodore, DAUBERVAL, première danseuse de l'Académie de Musique, in-8, magnifique ép., marge vierge, très rare.

1110 — F. J. CHANCEL LAGRANGE, in-8. Superbe et rare.

1111 **Parroy** (comte de). Mme VIGÉE LE BRUN, petit portrait ovale, in-8, rare. Très belle ép. remargée.

1112 **Passe** (Crispin de). MARIE DE MÉDICIS, rond in-8. Superbe ép. remargée comme chine.

1113 **Pauquet**. L'impératrice EUGÉNIE, en buste à genoux et en pied. 3 p. sur chine. Superbe ép. toute marge.

1114 **Pedretti**. Le dernier duc de BOURBON mort en 1830, in-fol. avant la lettre, sur chine, toute marge.

1115 **Pesne**. LANGLOIS dit Ciartres, marchand d'estampes et joueur de musette, d'après *Van Dyck*, in-fol.

1116 **Petit**. H ARNAULD de Pompone, abbé de S. Médard, etc., d'après *Vanloo*, grand in-fol.

1117 — CHRISTINE de Suède. — PHILIPPE d'Orléans, régent, 2 p, in-8. dans les entourages de *Babel*, in-4. Très belles ép.

1118 — Mme DU CHATELET, in-4, d'après Mlle *Loir*, très belle ép. Collection Em. Martin.

1119 — Marie-Catherine Taperet veuve de Louis Alexandre LESCOMBAT. in-8. Très belle ép., très rare.

1120 — LOUIS XV en pied d'après *Vanloo*, in-fol. Très belle ép. remargée.

1121 — LOUIS, dauphin, in-4. D'après *de la Tour*. Très belle ép. Collection Gouverneur.

1122 — M. JOSEPHE de Saxe, Dauphine. — Marie LECZINSKA, 2 portraits d'après *de Latour*, petit in-fol. Toute marge. très belles ép.

1123 — 1736. J. Fred. PHELYPEAUX comte de Maurepas en pied, in-fol. d'après *Vanloo*, belle ép.

1124 — J. F. Bernard POTIER DE GESVRE en pied, d'après *Vanloo* le fils, in-fol. Superbe ép. grande marge. Des collections Visscher et de Behague.

1125 Armand Jules de ROHAN archev. de Reims, in-fol. d'après *Rigaud*. Très belle ép.

1126 — Mlle SALLÉ d'après *Fenonil*, coiffée d'un chapeau, avec titre. l'après dîner. grand in-4, belle ép. grande marge.

1127 — Evrard TITON du Tillet, in-fol., d'après *Largillière*. Très belle ép.

1128 **Peuchet.** Mme **Du Barry** prenant son café. Ovale, petit in-4, eau forte très rare, toute marge.

1129 **Phillips** (G. H.). Mrs. LISTER d'après *Newton*, manière noire, grand in-4, toute marge. Superbe.

1130. **Philippoteaux** (d'après) et autres. Portraits de Voltaire. — Catherine II. — Clairon. — Diderot. — Duclos. — Mme d'Épinay. — Du Deffant. — Frédéric II. — David Hume. — L. Kain. — Mis duc de Richelieu. — Turgot, 12 p. grand in-8. Superbes.

1131 **Picart** (B.). F. Eudes de MEZERAY, historiographe, in-8, très belle ép. Collection Soleil.

1132 — Le Régent entouré de figures allégoriques, au fond la Banque royale, grand in-8 en travers. Superbe ép. Pièce curieuse sur Law, avec les vers au bas. Collection Soleil.

1133 — Le même, très belle ép. La partie de la planche contenant les vers, coupée. Texte au revers.

1134 — 1722. Eugène François de SAVOIE, grand in-fol. d'ap. *Jacques Van Schuppen*. Superbe ép. collée.

1135 — Gilbert Burnet — Charles Ier — Charles II Clarendon — Cromwel — Essex — Guillaume III — Jacques 1er — Jacques II — Monmouth. — Russel — Duc de Schomberg — Algernoon Sidney. 13 p., petit in-4, belles ép.

1136 **Picart** (St.). Marquise de **Montespan**, in-fol, encadrement orné de lys. Superbe ép. grande marge. Collection Roth.

C'est le portrait le plus important du personnage.

1137 — Matheus de MONTREUIL, petit in-8. très belle ép. Collection Soleil.

1138 **Pichler**. Prince de KAUNITZ, en pied, d'après *Lampi*, manière noire, très grand in-fol. Superbe ép. avant la lettre, grande marge.

1139 **Pigeot**. LAPEYROUSE, in-8 avant la lettre sur chine. Superbe, toute marge. Collection Em. Martin.

1140 **Pitau**. Duchesse de BOURGOGNE sur le titre de l'office de le semaine sainte, in-8, marge.

1141 — Nicolas COLBERT, évêque de Luçon d'après C. *Lefevre*, in-fol. Superbe ép. Collection Soleil.

1142 — MARIE THÉRÈSE d'Autriche, reine de France, d'après *Beaubrun*, beau portrait in-fol.

1143 **Pitteri** (Marc). Scipion MAFFEI, grand in-4, très belle ép. Collection Em. Martin.

1144 — Marquis Scipion MAFFEI, tête grosseur naturelle d'après *Fr. Lorenzi*, in-fol. Superbe ép.

1145 — PIAZETTA, peintre, grandeur naturelle, d'après lui-même, très belle ép.

1146 — Marcus PITTERI, d'après Piazetta, grandeur naturelle. Superbe ép.

1147 — Mme de POMPADOUR, coiffée d'un chapeau grandeur naturelle, avant la lettre, très belle.

1148 — Comte de SCHULEMBURG, à mi-corps, in-fol., très belle ép.

1149 **Poilly** (J. B.) Fr. de TROY, peintre, in-fol., d'après lui-même.

1150 **Poilly** (N). Henry Jules de Bourbon duc d'Enghien, petit in-fol., d'après *Mignard*. Superbe ép. les armes non terminées.

1151 — 1666. N. Parfait abbé de Bouzonville, chanoine de Paris, petit in-fol. d'après *le Febure*. Superbe ép.

1152 — Le grand Condé, in-fol., très belle ép. Collection Roth.

1153 — Guillaume de Lamoignon président, grandeur naturelle, d'après Le Brun. Superbe ép.

1154 — Louis XIV étant jeune, dirigé à droite, petit in-fol. d'après *Mignard*, très belle ép. sans marge.

1155 — Louis XIV étant jeune, dirigé à droite. En haut, pour supports à la couronne, deux ailes couvertes d'yeux, de bouches et d'oreilles, in-fol., sans marge.

1156 — Louis XIV étant jeune, d'après *Mignard*, dirigé à gauche. Superbe ép. Collection Rignon.

1157 — Louis XV enfant en manteau. Ovale entouré de huit amours dans une décoration d'architecture, grand in-fol. en travers, d'après *Mignard*. C'est le haut d'une thèse.

1158 — Marie Thérèse, grandeur naturelle, très belle ép. rare.

1159 — A. Marie Louise d'Orléans duchesse de Montpensier, en Pallas, in-fol. rare, très belle ép., grande marge.

1160 — Philippe d'Orléans frère du Roy, d'après *Nocret*, magnifique ép. Collection Camberlyn.

1161 — Philippe d'ORLÉANS frère du roi, grandeur naturelle, très belle ép.

1162 — Amador de VIGNEROT, abbé de Richelieu, in-fol., très belle ép.

1163 **Poilly** (F.). Louise de PRIE, duchesse de la Motte Houdancourt, in-fol., avec les noms et titres, autographe de Louis Philippe.

1164 **Ponce** (A.). 1774. Mme et Mlle DES HOULIÈRES in-12 en travers, d'après *Marillier*, charmante petite pièce, très belle ép.

1165 **Porporati**. Son portrait. Ovale, avant toute lettre. — Mme PORPORATI. 2 p. ovales in-4, toute marge.

1166 **Porreau** (Jules). Marquis de Bièvre — Mme Blanchard — Prince Borghèse — N. Brazier. — Baron de Veze — Roger Ducos — Fréron, député — Geoffroy, critique — Mlle Guimard — Vicomte Lainé — Princesse de Lamballe — Laterrade — Duchesse de Lavallière — Mlle Lenormand — Mesmer — Duc de Montpensier — Philidor — Germain Pilon — Pixericourt — Vigée — Westermann. 20 p. en bistre, une en noir. En tout 21 p. in-8. Superbes ép. marge in-4.

1167 **Pouget** *del, et sculp*. Milady, countess of BURY. Jolie eau-forte in-4, toute marge. Superbe ép.

1168 **Pradier**. DUCIS, in-4, d'après *Gérard*. Superbe ép. sur chine volant, toute marge.

1169 — MURAT, in-4, d'après *Gérard*, très belle ép. avant la lettre, marge.

1170 — Jérôme NAPOLÉON, roi d'Espagne, en pied, d'après Gérard, grand costume royal. Superbe ép. avant la lettre, grand in-fol.

1171 — REGNAULT de Saint-Jean d'Angely en pied, d'après *Gérard*, grand in-fol. Superbe ép. avant la lettre, toute marge.

1172 **Preisler**, Charlotta Amalia V. PLESSEN d'ap. *Wahl*, in-fol. en pied, belle ép., petite marge.

1173 — Prince enfant en riche costume, en pied, il tient un arc, in-fol. Superbe ép. sans marge.

1174 **Prudhon** (d'après). JOSÉPHINE en pied, assise dans un parc, in-4, en bistre, par *Blanchard*. Superbe, toute marge.

1175 — Le roi de Rome, couché dans un jardin, très grand in-fol. par *Lefevre*. Gravé d'après le tableau original, très belle ép. sur chine.

1176 **Quenedey**. Émilie CONTAT, petit rond, très rare.

1177 — MOREL DE VINDÉ, petit rond.

1178 — Blampoix évêque de Troyes, Lelond, Locard, chirurgien, et autre. 4 p.

1179 — Figuier de Nimes, antiquaire — Gluck — Jussieux — Kant — Piccini — Rivarol — Abbé Sicard. 7 p.

1180 — Portraits de femmes par Quenedey et Chrétien. 7 p.

1181 — Portraits au physionotrace. 23 p. avec les noms des personnages.

1182 — Personnages divers. 72 p., sans nom.

1183 **Rajon**. Mme de SABRAN, eau-forte, grand in 8, d'après Mme *Le Brun*. sur chine.

1184 **Raoux** (d'ap.). Mad. Marie Françoise PERDRIGEON, épouse d'Ét. Paul Boucher en pied, in-fol. (la prêtresse de Vesta), par *Bertin*.

1185 — Jean SOANEN, évêque de Senez, in-fol., très belle ép., sans marge, collée.

1186 **Ravenet.** GEORGES II, roi de la Grande-Bretagne, à cheval. grand in-fol., d'après *Morier*.

1187 **Renard** (L.) excudit. MARIE-THÉRÈSE, petit in-fol. Superbe ép., marge. Collection Roth.

1188 — Marquise de MONTESPAN, in-fol. Très belle ép. Collection Roth.

1189 — Elisabeth Charlotte Palatine, duchesse d'ORLÉANS étant jeune, in-fol., très belle ép. Collection Roth.

1190 **Regnault.** Marie Anne Élisa de LAMARTINE. grand in-4, ép. sur chine, toute marge.

1191 —Mme LEMONNIER, fondatrice de la Société pour l'enseignement professionnel des femmes, in-4. Superbe ép. toute marge.

1192 — E. MEISSONIER, in-12, d'après lui-même. marge in-8.

1193 — La reine HORTENSE en pied avec son fils. grand in-8, magnifique ép. d'artiste, avant toute lettre, sur chine, toute marge.

1194 — L'impératrice JOSÉPHINE. d'après Apiani. — LÆTITIA Bonaparte, d'ap. Gérard. — PAULINE Borghese, d'après *R. Lefevre*. 3 p. avant la lettre, sur chine, grand in-8, marge, petit in-fol. Superbe ép. avec dédicaces signées.

1195 **Reynolds** (d'après). Le prince Georges de Galles en pied, appuyé sur son cheval, manière noire, par *R. Smith*, très grand in-fol., très belle ép.

1196 — Louis Philippe Joseph duc d'Orléans, en pied, manière noire, grand in-fol.

1197 — Rev. Thomas Warton, in-fol., par *Hodges*, manière noire, in-fol. toute marge.

1198 **Reynolds.** (S. W.). Le général Andreossy, en pied, assis, d'ap. *Smith*, 1803, grand in-fol. Superbe ép. 2nd *Fifty*, manière noire, lettre grise, marge.

1199 — Princesse Charlotte de Saxe-Cobourg, en pied, assise, d'après *Dawe*, manière noire, très grand in-fol., très belle ép.. marge.

1200 — Le grand duc Constantin, manière noire, in-fol., avant toute lettre, ép. d'artiste. Superbe, toute marge.

1201 — Mad. Grassini dans Zaïre, d'après Mme *Lebrun*, grand in-fol. Superbe ép., lettre grise, marge.

1202 — Le comte Michel Woronzow. Manière noire, in-fol. Très belle ép., marge.

1203 — Frédéric duc d'York, en pied, manière noire, in-4, d'après *S. Joshua Reynolds*. Superbe, toute marge.

1204 **Ribault.** Bernardin de Saint-Pierre, in-4. Superbe ép. avant toute lettre, toute marge.

1205 — Marie Louise, impératrice, in-fol., d'après *Bosio*. Superbe ép. avant la lettre, sur chine, très grande marge.

1206 **Rinaldi.** BONAPARTE, en pied, près de son cheval tenu par un Mameluck. Superbe ép. grand in-fol., toute marge.

1207 **Robert** (J.). Angélique-Marguerite DUCOUDRAY, professeur d'accouchements, grand in-8. Superbe ép., rare.

1208 **Robert** (Léopold). Mme Louis DAVID, femme du peintre, avec le nom de L. M. Ad. de Penthièvre, duchesse d'Orléans, grand in-4.

1209 **Roberts** (Piercy). Amiral NELSON, au-dessus de la victoire sur le Nil, in-fol. Très belle ép. d'après *Abbot*, marge.

1210 **Robinson** NICHOLAS I, empereur de Russie, in-fol. Très belle ép.

1211 **Roger.** L. J. M. DAUBENTON, in-8, d'après *Sauvage*, in-8. Superbe ép., marge.

1212 — Mlle de FONTANGES, in-12 à claire-voie, avant toute lettre, toute marge. Superbe, rare. Collection Em. Martin.

1213 — GRESSET, ovale in-8 avant la lettre, toute marge. Superbe.

1214 **Roger.** Famille : trois profils superposés, rond in-4, d'après *Sicardi*, avant la lettre.

1215 **Rolls** (G.) La belle HAMILTON, d'après *Lely*, à mi-corps, in-4. Très belle ép., marge.

1216 **Romanet.** Guillaume PERIER, secrétaire des command. de S. A. S. Monseig. le duc de Penthièvre. Superbe ép. in-4. Collection Em. Martin.

1217 — Dubus de PRÉVILLE, comédien, beau portrait, petit in-fol. Superbe ép.

1218 — Mme Julie de VILLENEUVE VENCE de Saint-Vincent, petite-fille de Mme de Sévigné, in-4. Superbe ép., marge. Collection Sieurin, avec les deux adresses, chez l'auteur et chez Isabey.

1219 — La même les adresses effacés. Très belle ép., marge.

1220 **Roullet** (I. L.). Camille Le Tellier de Louvois, abbé de Bourgueil, bibliothéaire du roi, ovale in-fol. Superbe ép. rarissime, avant la bordure.

1221 — Le même terminé. Superbe ép., grand in-fol., d'après *Largillière* 1697. Collection Lorin.

1222 **Roullet.** MICHEL, maréchal-ferrant, avant la lettre. — P. DE SAINT ANDRÉ, général des carmes déchaussés. 2 p. in-4. Superbes ép. Collection Rignon.

1223 — César Cardinal RASPONI. Très grand in-8. Superbe ép. Collection Lorin.

1224 — Dame Cath. TOUCHELÉE, femme de M. Hilaire Clément et de Antoine Le Riche, petit in-fol. d'après *Cotelle* 1682. Superbe ép. avant la lettre, rare.

1225 **Rousseau** Eugénie ou la noblesse, MARIE-ANTOINETTE, dédiant une petite statue à Minerve qui soutient le portrait de Marie-Thérèse, d'après *Cochin* 1780. Superbe ép.. marge in-4.

1226 **Rousselet.** (Æg.) Cardinal de RETZ, d'après *Champagne*, in-fol. Très belle ép.

1227 — Denis TALON, in-fol. d'après *Ph. de Champagne.* Très belle ép., remargée.

1228 **Rubens** (d'après). Helena FORMAN, sa seconde femme, en costume pittoresque, in-4, par *W. Elliot*. Très belle ép., marge.

1229 **Ruotte**? BONAPARTE et BERTHIER, en pied. Très grand in-fol., au fond une bataille. Très belle ép. avant toute lettre.

1230 — J. J. B. Albouy DAZINCOURT, comédien-Français, à mi-corps, in-4 d'après *Bouton*. Très belle ép., marge.

1231 — Mlle RAUCOURT, in-fol. d'après *Gros*. Superbe ép., toute marge.

1232 **Ryland** (Wynne). CHARLOTTE, reine de la Grande-Bretagne, tenant son enfant. GEORGES III. 2 p. en pied, grand in-fol. Collection de Corneilhan.

1233 — GEORGES III, en pied, d'après *Ramsay*, in-fol. Très belle ép., marge.

1234 **Rymsdyk** 1767. Henri et Emilie de SOLMS, d'après *Jordans*, manière noire, grand in-fol. avant la lettre. Très belle.

1235 **Sadeler** (Eg.) LUCRÈCE BORGIA, dite la dame au nègre, in-fol. Superbe ép.

1236 — Ch. de LONGUEVAL, comte de Buquoy, entouré de fig. allégoriques, in-fol. Belle ép.

1237 **Saint Aubin**. Ant. Jean AMELOT, in-4, 1778, le nom sous le médaillon, 5e état. Le même 9e état avec 1781 à la pointe. 2 p. Très belles ép. (Em. Bocher 3).

1238 — J. J. BARTHELEMY, in-8. (E. B. 8 et 9). 2 p. Très belles ép.

1239 — Pierre Laurent de Belloy, académicien. Médaillon soutenu par un génie, in-8. Très belle ép. 3e des cinq états. (E. B. 17).

1240 — Le Cardinal de Bernis, 1er état, l'encadrement est petit, la tablette blanche, le nom au trait. — Le même, l'encadrement agrandi, la tablette ombrée, avant-dernier état. (E. B. 18).

1241 — Jérôme Frédéric Bignon, in-4. Très belle ép., avant-dernier état. (E. B. 19). Marge.

1242 — Bosquillon, littérateur et médecin, in-8, d'ap. *Isabey*, joli portrait. Très belle ép., marge (E. B. 27).

1243 — Bourdaloue, in-12. Superbe ép., la tablette blanche, lettre grise, 2e des cinq états. (E. B. 30). Remargé.

1244 — Buffon, médaillon sur un obélisque, in-4. Superbe ép., toute marge, avant-dernier état. (E. B. 31). La même planche changée, on a effacé l'obélisque, et l'encadrement est réduit in-8. (E. B. 32). 2 p.

1245 — Claude Joseph Clos, conseiller, in-4, d'ap. *Marg. Gérard* 1790. Belle ép. (Em. Bocher 46).

1246 — Caritat marquis de Condorcet, in-4, d'ap. *Lemort*. Superbe ép. (E. B. 51). Même planche réduite à l'ovale in-8. (E. B. 52).

1247 — Crébillon profil in-12, tablette blanche, lettre grise, avant-dernier état. (E. B. 62).

1248 — Jérôme De la Lande, in-4, d'après *Ely*, avant-dernier état. (E. B. 116).

1249 — DELARIVE, acteur, médaillon d'après *Sauvage*, in-8. Très belle ép., marge 4ᵉ des sept états. (E. B. 119).

1250 — DIDEROT, profil, médaillon d'après *Greuze*, in-4. Très belle ép., grande marge, 1ᵉʳ état. (E. B. 72). — De trois quarts à gauche, in-12, d'ap. *Vanloo*, avant-dernier état. Très belle ép. remargée. (E. B. 73). 2 p.

1251 — F. de Salignac de la Mothe FÉNELON, in-4, d'après *Vivien*. Belle ép., grande marge. (E. B. 79).

1252 — FONTENELLE, in-12. Très belle ép., toute marge, avant-dernier état. (E. B. 84).

1253 — GESSNER, in-4. Très belle ép., avant-dernier état. (E. B. 89).

1254 — GLUCK, musicien. Joli petit profil, d'après la cire de *Krafft*, médaillon entouré de chênes, et de lauriers. Superbe ép., marge in-4. (E. B. 81).

1255 — Ch. H. de HEINEKEN, in-4. Très belle ép. (E. B. 98). — Ch. Fréd. de HEINEKEN, gravé par lui-même, in-4. (E. B. 345). 2 p.

1256 — HELVETIUS, in-4, d'après *Vanloo*. Très belle ép. (E. B. 99).

1257 — HENRI IV, profil à droite, in-8. Très belle ép., avant-dernier état. (E. B. 102).

1258 — J. B. J. LANGUET de Gergy, curé de Saint-Sulpice, in-4. Très belle ép., toute marge. (E. B. 118).

1259 — Le Kain dans Zaïre, in-fol., d'ap. *Le Noir.* Très belle ép. avant la lettre, 1er des trois états. (E. B. 128).

1260 — Guil. Jos. de Lépine, médecin, in-4. (E. B. 131).

1261 — Linguet, profil à droite, 3e des cinq états. (E. B. 134). — d'après *Greuze*, avant-dernier état. (E. B. 135). 2 p. in-8.

1262 — Linguet entouré d'amours et de figures allégoriques, grand in-8. Superbe ép., marge vierge. (E. B. 136).

1263 — Louis XVI, médaillon sur un obélisque, grand in-4. Très belle ép. (E. B. 148).

1264 — Marie de Médicis, in-8, avant-dernier état. Belle ép. (E. B. 170).

1265 — Michel de Montaigne, grand in-4. Très belle ép., grande marge. (E. B. 184).

1266 — Montaigne, profil à droite, in-12, tablette blanche, lettre grise, avant-dernier état. — Le même, dernier état. 2 p. Très belles ép., marge (E. B. 185).

1267 — Marc René de Montalembert, in-4, d'après *De La Tour.* Très belle ép. (E. B. 186).

1268 — Necker dans un rond formé par un serpent qui se mort la queue, au-dessus de la boule terrestre, in-8, magnifique ép., très grande marge, avant dernier état. (E. B. 198).

1269 — Le duc de Chartres (qui fut Égalité) et sa famille, belle composition d'après *Le peintre.* Très belle ép., avant la lettre, grand in-fol., 1er des cinq états. (E. B. 277).

1270 — Joseph Pellerin, profil à droite, in-4. Belle ép., marge. (E. B. 207).

1271 — Joseph Pellerin, entouré des médailles, in-fol. Très belle ép. (E. B. 208).

1272 — L. J. M. de Bourbon, duc de Penthièvre, in-fol., toute marge. (E. B. 340).

1273 — Pierre I, profil à gauche, in-8. (E. B. 241) — de trois quarts à droite décrit (212), de trois quarts à gauche, au bas de celui-ci Aug. de Saint-Aubin del. A Paris, chez Bligny lancier du Roy, cour du manège aux Tuileries, in-4, marge. 2 p.

1274 — Alexis Piron, de face, in-8. Très belle ép. (E. B. 218).

1275 — J. Ph. Rameau, in-4, avant la date de mort et le mot écuyer, 4e des six états. (E. B. 230).

1276 — Dernière heure de la Baronne de Rebecque morte à 36 ans. (E. B. 232).

1277 — Regnard, la tablette blanche. — Mathurin Regnier. 2 p. in-12. (E. B. 233 et 234). Très belles ép.

1278 — La famille Renouard, in-4 sur chine. (E. B. 235), marge.

1279 — J. J. Rousseau, in-4 d'après *De La Tour*. Superbe ép., marge vierge. (E. B. 243).

1280 — Au moins soyez discret (c'est le portrait de Mme de Saint Aubin. Très belle ép. avant la lettre, in-fol., marge. (E. B. 406). 2e des cinq états.

1281 — Comptez sur mes serments (c'est le portrait d'AUGUSTIN DE SAINT AUBIN). Très belle ép. avant la lettre, in-fol., marge. (E. B. 407), 2e des cinq états.

1282 — LOUISE EMILIE, baronne de ***, (c'est le portrait de Mme de Saint Aubin), avant-dernier état. (E. B. 7). Collection Leblond. Très belle ép., marge.

1283 — ADRIENNE SOPHIE, marquise de ***, petit in-fol. Superbe ép. avant l'adresse, très grande marge (on dit marquise de Boufflers). En bas est écrit au crayon marquise de Châtelet. (E. B. 173).

1284 — Gertrude-Françoise VANDERGOES, in-8. Superbe ép., toute marge. (E. B. 260).

1285 — VOLTAIRE, profil à gauche, d'après *Lemoyne*, in-4. Très belle ép. (E. B. 266).

1286 — VOLTAIRE assis, in-4, 2e avant-dernier état. (E. B. 266). Très belle ép.

1287 — Le même, 3e état. Très belle ép. remargée.

1288 — Ant. Réné de Voyer, marquis de PAULMY, in-4, d'après *Le Carpentier*. (E. B. 206). Belle ép.

1289 — WORLOCK, in-8, d'après *Denon*. Très belle ép., toute marge. (E. B. 272).

1290 — Anne d'Autriche, — Louis XIV, — Mademoiselle. 3 p. claire-voie, Charles XII, — Piron, — Young, etc. 8 p.

1291 — Catherine II, Condé, P. Corneille, Th. Corneille, Fénelon, Fléchier, Lavallière, Lesage, Louis XIV, Molière, Ninon, Pascal, J. Racine, L. Racine, Mme de Sevigné, Voltaire. 16 p. in-8. Très belles ép.

1292 **Saint Eve** (J. M.). ANDREA DEL SARTO, in-fol. d'après lui-même. Superbe ép. sur chine, toute marge, avec dédicace signée.

1293 **Salmon**. Duc de MONTEBELLO, in-fol. d'après *Morani*. Très belle ép. sur chine, toute marge.

1294 **Savart** 1780. J. d'ALEMBERT, académicien, in-8, d'après *Mlle Lusurier*, ép., marge.

1295 — Cardinal de BERNIS. Superbe ép. in-8, marge. Vente Rochoux.

1296 — BOILEAU, barrière *Fond-Taraby*. Superbe ép. in-8.

1297 — La même, superbe ép. au coin de la rue percée. Belle marge.

1298 — BUFFON, in-8. Superbe ép. avant toute lettre, marge, rare.

1299 — J. B. COLBERT, in-8, d'après *Champagne*. Superbe ép. remargée à claire-voie. Collection Sieurin.

1300 — Le Grand CONDÉ, in-8 sur chine. Belle ép. marge. Vente Rochoux.

1301 — CHRISTIAN VII, roi de Danemarck, petit portrait. Superbe ép. Vente Rochoux.

1302 — Mad. DESHOULIERES, in-8. D'après *E. S. Cheron*. Très belle ép.

1303 — 1771. FENELON, in-8. D'après *Vivien*. Très belle ép.

1304 — 1768. Jean de La Bruyère, d'après de Saint-Jean, in-8. 2 ép. dont une faible. Vente Rochoux.

1305 — 1778. Jean de La Bruyère, de l'Académie Française, in-8. Très-belle ép. remargée à claire-voie.

1306 — Nicolao de Livry, abbé de Ste-Colombe, in-8, d'ap. *Tocqué*. Superbe ép. avec les noms d'artistes, marge, avec le bas-relief qui a été effacé plus tard. Collection Sieurin.

1307 — 1771. Louis le Grand, roi de France, in-8, d'après *Rigaud*. Superbe ép. adresse Barriere de Fontarabie, collection Camberlyn.

1308 — 1777. Fr. Rabelais, in-8, d'ap. *Sarrabat*. Superbe ép., marge.

1309 — Jean Racine, in-8, d'ap. *Santerre*. Très-belle ép., marge.

1310 **Sandoz** (D'après). Marquise de Sévigné, âgée de 25 ans — plus âgée — Charles de Sévigné — Henri de Sévigné — J. Marg. de Bréhant de Mauron, marquise de Sévigné — de Coulanges, abbé de Livry — comtesse de Grignan — marquise de Simiane, 8 p. ovales grand in-8. Superbes

1311 **Saraba**. Louis Dauphin, fils de Louis XIV, à mi-corps, manière noire, superbe ép., grande marge.

1312 **Say** (W.) Napoléon Buonaparte, de profil, en pied, assis sur le trône, d'après la peinture de *Goubaud*, faite pendant les Cent jours, manière noire, très-grand in-fol. Superbe ép., marge.

1313 **Schalcker.** Gérard Dow, peintre, très-belle ép., in-4.

1314 **Scheffer.** (D'après). La princesse Marie d'Orléans, in-fol. Superbe ép. avant la lettre, très-grande marge.

ŒUVRE DE SCHMIDT

1315 **Schmidt.** Son portrait par lui-même, avec l'araignée à la fenêtre. Superbe ép., in-4. Collection Camberlyn.

1316 — Dorothée Louise Viedebandt, madame Schmidt; elle feuillette un livre. Très-belle ép.,

1317 — Mme Schmidt, en couseuse, très-belle ép., marge.

1318 — Georges Dietlof d'Arnim, grand in-fol., d'après *Pesne*. Très-belle ép.

1319 — Auguste III, roi de Pologne. — Marie Joseph, reine de Pologne. 2 p. grand in-fol., d'après Louis de Silvestre. Très-belles ép., grande marge.

1320 — Frédéric-Guillaume Borck. Grand in-fol. Très-belle ép., d'après *Pesne*, tachée d'humidité, collection Rignon.

1321 — L. A. de Brand, baronne de Grafendorf, médaillon supporté par des figures allégoriques, in-fol. Très-belle ép.

1322 — Comte de Bruhl. Buste sur un piédouche, un Amour sculpte sur le piédestal. Très-grand in-8. Superbe ép., très-grande marge.

1323 — Charles de St-Albin, archevêque de Cambray, grand in-fol., d'après *Rigaud*, beau portrait à mi-corps. Superbe ép. Collection Rignon.

1324 — Christian Auguste, duc de Saxe, à mi-corps, grand in-fol., d'après *Pesne*. Superbe ép.

1325 — Mlle Clairon, d'après *Cochin*, in-4.

1326 — Samuel Liber Baro de Coccей, in-fol., d'après *Pesne*. Remargé.

1327 — Guyot Desfontaine, prieur de Rouen, d'après *Toqué*, grand in-8. Magnifique ép. Collection Soleil.

1328 — Dinglinger, célèbre orfèvre. Ovale grand in-8. Superbe ép.

1329 — N. Esterhasi, d'après *Toqué*, in-fol. Magnifique ép. avant le burin qui se voit à droite sur la tablette de l'encadrement, très-rare, grande marge. Collection Rignon.

1330 — Frédéric III, roi de Prusse, petit in-fol. Superbe ép., petite marge.

1331 — Frédéric-Henri-Louis, prince de Prusse, in-fol., d'après Vanloo. Superbe ép., marge.

1332 — Frédéric de Gorne, in-fol. Très-belle ép.

1333 — Le juif Hirsch Michel, d'après nature, petit in-4, superbe.

1334 — Le patriarche Jacob, d'après *Rembrandt*, grand in-8. Très-belle ép.

1335. — Maurice QUENTIN DE LA TOUR, peintre, d'après lui-même, coiffé d'un chapeau; in-fol. Belle ép., rare.

1336. — M. Q. DE LA TOUR, d'après lui-même, il est à une fenêtre riant et montrant la porte; grand in-fol. Superbe ép.

C'est le portrait le plus important du personnage.

1337. — Louis de la Tour d'Auvergne, comte d'EVREUX, d'après *Rigaud*. Superbe ép., marge.

1338. — Jean LAW, in-8, d'après *Rigaud*. Très-belle ép., marge.

1339. — François LE CHAMBRIER, in-fol., d'après *Rigaud*. Très-belle ép., rare. Collection Didot.

1340. — Adrienne LECOUVREUR, in-8, marge. Très-belle ép.

1341. — Pierre MIGNARD, peintre du roy, d'après *Rigaud* 1691. Superbe ép., grand in-fol. avant l'astérisque. Collection Ganay.

1342. — Le même avec l'astérisque. Belle ép. toute marge. Calcographie.

1343. — NINON DE L'ENCLOS, d'après *Ferdinand*. Très-belle ép. in-8. Collection Soleil.

1344. — La princesse d'ORANGE, in-4. Superbe ép. Grande marge.

1345. — Antoine PESNE, peintre, in-fol. Très-belle ép. Collection Rignon.

1346. — Ant. Fr. PRÉVOST, aumônier du prince de Conty. Auteur de Manon Lescaut, in-4. Très-belle ép.

1347. — REMBRANDT, très-jeune, de face — un peu plus âgé avec un hausse-col. 2 ép.

1348 — La mère de REMBRANDT, in-4. Superbe ép. Collection Camberlyn.

1349 — J.-B. ROUSSEAU, à mi-corps, petit in-fol., d'après *Aved*. Très-belle ép.

1350 — Marquise de **Sévigné**, in-8. Superbe ép. Grande marge.

1351 — (G.-F.) Jean Baptiste SILVA, docteur-médecin, in-fol., d'après *Rigaud*. Très-belle ép.

1352. — J. de SCHOUWALOW, chambellan de l'empereur de Russie, in-4. Superbe ép. Collection Camberlyn. Très-rare.

1353 — David. SELITGEBBER. Grand in-fol. d'après *Fabre*. Très-belle ép. Collection Rignon.

1354 — Ch. Gab. de Tubieres de CAYLUS, évêque d'Auxerre, grand in-fol. d'après *Fontaine*. Très-belle ép.

1355. — Henri VOGUELL, marchand à Londres, d'ap. *Pesne*, grand in-fol. Collection Rignon.

1356 — La Pouilleuse, d'après *Rembrandt*, in-8. Très-belle.

1357 — Jeune Seigneur. Avant. Du cabinet de monsieur le comte de Kamcke, d'après *Rembrandt*, et avec la ligne au bas. 2 p. rares.

1358. — Portrait d'homme d'après *Rembrandt*. Du cabinet de monsieur le conseillier Trible, petit in-4. Très-belle ép.

1359 — Loth et ses filles, d'après *Rembrandt*, petit in-fol. Superbe.

1360 — L'Automne. Trois enfants tenant du raisin, d'après *F. Flamand*, ovale en travers. Très-belle ép., marge.

1361 **Schmuzer** (J.). MARIE-THÉRÈSE, reine de Hongrie, in-fol. d'après *Du Greux*. Très-belle ép.

1362 — F. E. WEIROTTER, graveur de paysage, in-4. Belle ép., sans marge.

1363 — Madame BODIN, première danseuse du Théâtre impérial, 1er ép. avant le nom du graveur et avec le mot Danseuse.

1364 — Ch. G. E. DIETRICY, peintre, in-fol. Superbe ép., grande marge.

1365 **Schreher**. CATHERINE II, impératrice de Russie, in-fol. Superbe ép. avant la lettre. Grande marge.

1366 **Schult** (C.). La malheureuse comtesse de la MOTTE, grand in-8, d'après *la Vurette*. Superbe ép., marge, rare.

1367 **Schultze**. Alexander, prince BELOSELSKY, presque en pied, assis. Très-grand in-fol.

1368 — La grande Vestale (c'est le portrait d'ANGELICA KAUFFMAN). Très-belle ép., petit in-fol., marge. Collection de Corneilhan. C'est le 1er état avec texte en français.

1369 — La même, 2e état, texte en italien, très-belle ép., grande marge, collection Corneilhan.

1370 **Schuppen** (Van). ALEXANDRE VII, pape, in-fol. d'après *Mignard*. Superbe ép., marge, collection Lorin

1371 — Ch. d'ANGLURE de Bourlemont, archevêque de Toulouse, in-fol. Superbe ép. Collection Lorin.

1372 — La mère Marie Angélique ARNAULD, dernière abbesse de Port-Royal, in-fol., d'après *Champagne*. Superbe ép.

1373 — Martin de Barcos, abbé de ST-CYRAN, in-4, d'après *Champagne*, marge. Très-belle ép. Collection Lorin.

1374 — Catherine Germain, Ve de Simon BERTHELOT, commissaire des Poudres de Picardie, Artois, etc. Très-belle ép. petit in-fol. Collection Rignon.

1375 — L. F. Lefevre de CAUMARTIN, petit in-fol., d'après *De Troy*, marge.

1376 — J. B. COLBERT, figuré sur un tapis que Minerve brode, le portrait d'après *Champagne* et l'entourage d'après *Le Brun*, grand in-fol. Très-belle ép. Collection Rignon.

1377 — Mme DESHOULIÈRES, in-8. Très-belle ép., remargée.

1378 — Bern. de Foix de La Valette, duc DESPERNON, in-fol. d'après *Mignard*.

1379 — 1662. Raynaud d'ESTE, cardinal, très-belle ép., in-fol., remargé.

1380 — Jean HAMON, médecin. Très-grand in-8. Très-belle ép. Collection Soleil.

1381 — Guil. HAROUYS DE LA SEILLERAYE, in-8, d'ap. de Troy. Taché.

1382 — G.-N. DE LA REYNIE, maître des requêtes, in-fol., d'ap. *Mignard*. Très belle ép. avant le trou du clou en haut de la planche.

1383 — Le même. Très belle ép. avant le trou du clou. Collection Roth.

1384 — Nicolas LE CAMUS, in-fol.

1385 — 1677. Charles-Maurice LE TELLIER, archevêque, duc de Reims, in-4, d'après *Mignard*. Très belle ép., remargée.

1386 — Michel LE TELLIER, d'ap. *Nanteuil* in-fol. Superbe ép., petite marge.

1387 — Le Tellier, marquis de LOUVOIS, in-folio, d'ap. *C. le Febure*. Superbe ép.

1388 — LOUIS XIV étant jeune, in-fol., d'après *Vaillant*. Très belle ép. Collection Soleil.

1389 — LOUIS XIV, d'ap. *Mignard*, petit in-fol. Très belle ép. Collection Lorin.

1390 — LOUIS XIV, d'ap. *Le Brun*, in-fol. Très belle ép., remargée.

1391 — LOUIS XIV, d'ap. *Nanteuil ad vivum*, dans un ovale de feuilles de laurier entouré d'armes, doit être un haut de thèse.

1392 — LOUIS, grand Dauphin, grand in-folio. Superbe ép. avant les ronds dans les coins, d'ap. *de Troy*. Collection de Ganay.

1393 — Le même. Très belle ép. avec les ronds, toute marge, Chalcographie.

1394 — Pierre de MARCA, archev. de Paris, petit in-fol., d'ap. *Vanloo*. Très belle ép., marge. Collection Meaume.

1395 — Charles de Houël, baron de MORAINVILLE, in-fol. Très belle ép., d'ap. *Van Mol*.

1396 — 1701. R.-P. Natalis ALEXANDER, prédicateur, petit in-fol, Très belle ép. Collection Lorin.

1397 — Antoine de NOAILLES, maire de Bordeaux, gouverneur de Guyenne, in-4. Magnifique ép. avant la lettre, très rare. Collection Rignon.

1398 — Anne-Marie-Louise d'Orléans, duchesse de MONTPENSIER, d'ap. *Seve*, in-fol. Superbe ép. Collection Ganay.

1399 — Philippe d'ORLÉANS, Monsieur, grandeur naturelle, d'après *Lefèvre*. Très belle ép. Collection Ganay.

1400 — Louis de Pontis, petit in-8. Superbe ép., marge. Collect. Gouverneur.

1401 — M. de PONTAC, fils du président au parlement de Bordeaux, petit in-fol., avant toute lettre. Superbe ép., remargée.

1402 — SAINT VINCENT DE PAUL, in-folio. Grande marge.

1403 — L.-M. Armand de Simiane de GORDES, in-fol., d'ap. *Lefèvre*. Très belle ép., remargée.

1404 — F. Van der MEULEN, peintre, d'après *N. de Largillière*, grand in-fol. Superbe.

1405 **Scott** (Edmond). GEORGES Aug. Fréd., prince Regent, à mi-corps, assis sur un fauteuil, comme grand-maître des Francs-Maçons, grand in-fol. Superbe ép., grande marge.

1406 **Scriven.** Collection pour illustrer les Mémoires d'Hamilton, 64 p. in-8.

1407 **Senus.** CAROLINE, d'ap. *Smith*. Petit in-fol., marge.

1408 **Sergent.** TOURVILLE, maréchal, in-4, ovale.

1409 **Simon** (P.). Guy de DURFORT, comte de Lorges, grandeur naturelle.

1410 — Vincent HOTMAN, in-fol. Très belle ép.

1411 — JACQUES III, roi de la Grande-Bretagne, 1703, in-12. Très belle ép., toute marge.

1412 — 1694. LUDOVICUS MAGNUS, en pied, cuirassé à la romaine, désigne de son baton de commandement le siége d'une ville au fond à gauche, grand in-fol. Très belle ép., rare.

1414 — LOUIS XIV, d'ap. *Le Brun*, grandeur naturelle, coiffé d'un chapeau. Superbe ép., petite marge.

1415 — 1688. LOUIS, grand Dauphin, buste grandeur naturelle, très grand in-fol. Superbe ép. grande marge. Collect. Behague.

1416 — 1693. LOUIS, dauphin, fils de Louis le Grand, grandeur naturelle. Collé.

1417 — Jean-Paul OLIVA, général de la Société de Jésus, in-fol., d'ap. *J.-B. Gaulli*. Superbe ép., rare. Collection Lorin.

1418 — Anne-Marie-Louise d'Orléans, duchesse de MONTPENSIER, grandeur naturelle. Magnifique ép. de la plus belle condition.

1419 — Léo POTIER DE GESVRES, abbé de Bernay, fut archevêque de Bourges et cardinal, grandeur naturelle, d'après *de Troy*. Superbe ép. Collection Behague.

1420 — Joachim de SEIGLIERE DE BOISFRANT, grandeur naturelle, d'après *Mignard*. Très belle ép.

1421 **Simonneau.** Martin de CHARMOIS, directeur de l'Académie de peinture, in-fol., d'ap. *Bourdon*.

1422 — Elisabeth - Charlotte, palatine du Rhin, duchesse d'ORLÉANS, d'après *Rigaud*, in-folio. Très belle.

1423 — René-Antoine Ferchault de REAUMUR, petit in-fol, d'après *S. Belle*. Belle ép., marge.

1424 — TURENNE. Médaillon entouré de trophées. Grand in-8 en travers.

1425 **Simonet**. Marie-Thérèse de Villette femme LARUETTE, en pied, petit in-fol., d'ap. *Devaux*. Superbe ép. avant toute lettre. Collection La Beraudière.

1426 **Singry**. MICHELOT. — MICHOT. 2 acteurs célèbres, grand in-8 lithographiés. Très belles ép., toute marge.

1427 **Sixdeniers**. ARAGO, d'après *Scheffer*, in-fol. sur chine, eau-forte pure, toute marge.

1428 — Le même terminé. Superbe ép., lettre grise, toute marge.

1429 — Eugène BEAUHARNAIS, petit in-fol., d'après *Deveria*, avant la lettre. Superbe ép. sur chine, toute marge.

1430 — Frère Philippe, supérieur général des Frères des Ecoles chrétiennes, en pied, manière noire, d'après *Horace Vernet*, grand in-fol. Superbe ép.. toute marge.

1431 **Skelton**. J. Franc. LAMARCHE, évêque et comte de Leon, en pied, très grand in-fol., d'après *Danloux*. Très belle ép., marge.

1432 **Smirke** (D'après). Commémoration du XI octobre 1797. Dix-huit portraits de marins célèbres, grand in-fol.

1433 **Smith** (J.). John BANNISTER, d'après *Murray*, ovale in-fol. Très belle ép.

1434 — Will. BECKFORD lord Mayor, en pied, in-fol. Très belle ép. marge.

1435 — Guil. COWPER, chirurgien, d'après *Closterman*, in-fol. Superbe.

1436 — François CORNARO, in-fol., d'après *d'Agar*. Très belle.

1437 — FRÉDÉRIC Guillaume de Prusse, in-folio. Très belle.

1438 — DE LARGILLIÈRE et sa famille en pied, in-folio. Superbe ép., rare.

1439 — André LE NOTRE, in-fol., d'après *Marot*. Très belle.

1440 — Comtesse de ROCHEFORD, d'après *d'Agar*, in-fol. Superbe ép.

1441 — Mrs Anne ROYDHOUSE, d'après de *Medina*, in-fol. Très belle ép.

1442 — Lord VILLIERS et sa sœur en pied, d'après *Kneller*, in-fol. Superbe ép.

1443 **Soumy**. FRANÇOIS Ier, roi de France, d'après *Titien*, in-fol. Superbe ép., toute marge. Chalcographie.

1444 **Spilsbury**. CHARLOTTE, reine de la Grande-Bretagne, manière noire, grand in-fol. Très belle ép.

1445 **Staal**. Portraits tirés du Bibliophile français. 28 p. in-8.

1446 — J.-Ch. BRUNET. — QUERARD. 2 p. sur chine, toute marge.

1447 **Stonier** (R.). Mrs ROBINSON, ovale in-8 en bistre, d'après *Englehart*. Superbe ép., marge. Collection Em. Martin.

1448 **Stephani**. Ortence MANCINI, duchesse de Mazarin. in-fol. Très belle ép., petite marge. Collection Behague.

1449 **Strange** (Robert), Son portrait, profil, médaille in-4. Très belle ép. sans aucune lettre, marge.

1450 — CHARLES Ier, roi d'Angleterre, en pied, en manteau royal, d'après *Van Dyck*. Très belle ép. in-fol.

1451 — CAROLO I. Magnœ Britanniœ regi. — HENRIETTA Maria. 2 portraits en pied, d'ap. *Van Dyck*, grand in-fol. Très belles ép., collées.

1452 — RAPHAEL, in-fol. Belle ép.

1453 **Stump**. Miss MELLON, à mi-corps, joli portrait petit in-fol (c'est la duchesse de St-Alban).

1454 **Surugue** (L.). Louis de BOULOGNE, le père, peintre, in-fol., d'ap. *Mathieu*. Superbe ép.

1455 — 1737. Et. Fr. GEOFFROY, parisien, médecin, d'après de *Largillière*, in-fol. Superbe ép., marge vierge.

1456 — Madame de *** (**Mouchy**), en habit de bal, d'ap. *Coypel*. Superbe ép. avant toute lettre, charmant et gracieux portrait in-folio. Collection Ganay.

1457 — 1746. Madame de... (**Mouchy**), en habit de bal, d'ap. le pastel de *Coypel*, à mi-corps, in-fol. Superbe ép. C'est un des plus jolis et des plus gracieux portraits de jolie femme.

1458 — ***Silvia***, célèbre actrice de la comédie italienne, d'ap. *de La Tour*, in-fol., avant toute lettre.

1459 **Suyderhoef** (I.), Jean BERKIUS, in-fol., d'ap. *Van Vliet*. Très belle ép., petite marge.

1460 — GILLIS DE GLARGES, ép. avant l'adresse de Dankerts, d'ap. *Mirevelt*. Superbe ép., remargée à claire-voie.

1461 — Johannes Claubergius. — Jacobus Hollebekius. 2 p. Très belles ép., remargées.

1462 **Tanjé**. WILLEM V, prince d'Orange. — CAROLINE, princesse d'Orange. 2 p. en pied, d'après *de La Croix*, in-fol. Très belles ép., marge.

1463 — 1741. — QUINKHARD, montrant le portrait de Tanjé qu'il a peint gravant. Très belle ép. in-fol., d'ap. *Quinkhard*, petite marge.

1464 **Tardieu** (Jean). L.-J. AUDIBERT DE LUSSAN, archevêque, grand in-fol., d'ap. *Restout*.

1465 — Sophie-Louise de LAFONT, in-fol. Magnifique ép. avant toute lettre, charmant portrait, marge. Collection Behague et Ganay.

1466 — Marie ***Leczinska***, reine de France, d'ap. *Nattier*, à mi-corps, grand in-fol. Charmant portrait, le plus important du personnage. Très belle ép.

1467 — POULLAIN DE SAINT FOIX, in-8.

1468 **Tardieu** (Alex.). J. BLAUW, in-4, d'après *David*. Très belle ép., marge.

1469 — LA PETROUSE, in-4. Belle ép. Collection Gouverneur.

1470 — Le maréchal NEY, d'ap. *Gérard*, in-4. Très belle ép., marge.

1471 — STANISLAS AUGUSTE, roi de Pologne, in-8. Trois belle ép.

1472 **Tardieu** (P. Alex.). FRÉDÉRIC GUILLAUME, prince royal de Prusse, très grand in-8. Très belle ép. Collection Sieurin.

1473 — L'abbé Langlois DUFRESNOY, in-8 avant toute lettre, toute marge.

1474 — TURGOT, in-8, d'ap. *Ducreux*. Superbe, toute marge.

1475 **Tardieu** (Amb.). PARNY, d'ap. *Isabey*. Magnifique ép., ovale in-8, avant la lettre chine, toute marge.

1476 — Littérateurs, Députés, Généraux, Médecins. 70 p. in-8.

1477 **Thomas** (N.). Denis de Chanet DESESSARTS, acteur, d'après *Ingouf*. Très belle ép., petit in-fol,

1478 — 1783. Le comte de SAINT-GERMAIN, célèbre alchimiste, in-fol. Superbe ép. avant la dédicace.

1479 **Thomassin**. Le maréchal de BOUFFLERS, in-4, d'après *Rigaud*. Superbe ép., marge.

1480 — Le duc de BOURGOGNE, in-fol. Très belle ép., remargée.

1481 — Cardinal de FLEURY, médaillon soutenu par Diogène, d'ap. *Autreau*. grand in-fol. Très belle ép. Collection Gouverneur.

1482 — Statue équestre de Louis XIV, d'après *Coysevox*, in-fol. Très belle ép.

1483 — Le grand Dauphin et sa famille, d'après *Mignard*. Très grand in-fol., très belle ép., très rare.

1484 **Thomassin** (Simon H.). Louis, Dauphin de France, fils de Louis XV à l'âge de 10 ans. très grand in-fol. en pied, d'ap. *Tocqué*. Très belle ép.

1485 **Tischbein** (D'ap.) Herder. — Hufeland. — Aug. de Kotbebue — et Bause, d'ap. *Graff*. 4 p. in-fol., toute marge.

1486 **Titien** (D'ap.). La femme de Titien, petit in-fol. Superbe. Collect. Em. Martin.

1487 **Toschi** (P.), duc Descazes, d'ap. F. *Gérard*, in-fol. Très belle ép., marge.

1488 — Ferdin : Paer Parmigiano, d'après F. *Gérard*. Superbe ép. sur chine, gr. in-4.

1489 — (Prince étranger, autrichien ?) Avant toute lettre, toute marge. petit in-fol.

1490 **Triere** (Ph.). Gabriel-François Coyer. académicien, in-8, d'ap. *Colson*. Magnifique ép., Très grande marge. Collect. Em. Martin.

1491 **Trinquesse** (D'ap.). L. N. Pergenet, architecte, profil à gauche, in-4, par *Lempereur*. Très belle ép.

1492 — François Soufflot. le romain, architecte, profil à droite in-4, par *Lempereur*. Superbe ép., grande marge.

1493 **Trouvain**. René ant. Houasse, peintre, in-fol., d'ap. *Tortebat*. Superbe ép.

1494 — R. P. François de La Chaire, in-4. Superbe ép., remargée.

1495 — François-Michel de VERTHAMON. Grand in-fol., d'ap. *Rigaud.*

1496 **Turner** (Ch.). CHARLES X, en pied, d'aprés *Lawrence*, manière noire, trés grand in-fol. Superbe ép. avant la lettre, marge.

1497 — Marquis de LONDONDERRY. en pied en grand costume, d'ap. *Lawrence*, manière noire. Très grand in-fol.

1498 — Mme MALIBRAN, rôle de Desdemona, manière noire. in-fol., d'ap. *Decaisne*. Superbe ép., toute marge.

1499 **Valck.** Ortance MANCINI, duchesse de Mazarin. Superbe ép. in-fol., d'ap. *Lely*, Collection H. de Triquetti.

1500 **Valentin.** Alfred DELVAUX, in-8 sur chine. Superbe, très grande ép.

1501 **Vallée.** Mademoiselle LOISON en Vénus avec l'Amour sur un char, d'ap. *de Troy*. Très belle ép. in-fol.

1502 — La Dame au nègre (C'est Mme de PARABÈRE), in-fol., d'ap. *Rigaud* dont le tableau est à Baran chez Mme la comtesse de Sancy-Parabère. Très belle ép.

1503 **Vallet.** LOUIS, Dauphin fils de Louis XIV, grandeur naturelle, d'ap. *Jouvenet*, 1677, grand in-fol. Superbe ép.

1504 **Vangelisty.** Anne-Marie Martinozzi, princesse de CONTI, in-8. Très belle ép., marge. Collection Soleil.

1505 — Ch. Gravier, comte de VERGENNES. Beau portrait, grand in-fol., d'ap. *Callet*.

1506 **Vanloo** (D'ap.). Marie ***Leczinski***, reine de France, en pied, petit in-fol., par *M. de Marne*. Très belle ép., marge.

1507 **Varin** (P. Adolphe). Elisabetta, principessa di TRIGGIANO BRANCACCIO, in-8 sur Chine. Superbe ép., toute marge, très rare, charmant portrait.

1508 — La baronne d'HOLBACH, ovale in-8, lettre grise en bistre — avec la lettre noire et bistre. 3 superbes ép., toute marge.

1509 — Comtesse d'Albany. — Agrippa d'Aubigné. Mlle de Charolais. — Arthur Dillon. — Drouet. — Godoï. — Duc du Maine. — Comte de Maurepas. — Duchesse de Polignac. — De Tocqueville avant la lettre. — Vatout. 11 p. in-8 en bistre. Superbes ép., marge in-4.

1510 — Jules et Edmond de GONCOURT, avant la lettre, in-8, en noir sur chine volant, marge in-4. Superbe 2 p.

1511 — EISEN. Magnifique et très rare ép. en noir avec le nom à la pointe sur papier du Japon, n° 4, toute marge. Signée par le graveur.

1512 — Série de portraits pour illustrer l'art du XVIIIe siècle, de MM. de Goncourt. 15 p. avant la lettre en bistre, MOREAU le jeune est lettre grise. Superbe suite sur papier blanc.

1513 — La même série avec la lettre en bistre sur blanc. 15 p. Superbes.

1514 — MOREAU le jeune sur chine. — SAINT-AUBIN sur blanc. 2 p. en bistre. Superbes.

1515 — Jules et Edmond de Goncourt. — Moreau le jeune. — Honoré Fragonard. — Cochin. — Prudhon. — Chardin. — Greuze. — Gravelot. — Aug. de Saint-Aubin. — Boucher. — Watteau. — Debucourt. — De La Tour. — Eisen. 15 p. in-8 en noir sur chine, tirage in-folio spécial pour M. Em. Michelot. Superbes ép. uniques.

1516 — Moreau le jeune. — Fragonard. — Eisen. — Choffard. 4 p. in-8, en bistre sur chine. — Cochin. — Gravelot. — Boucher. 3 p. in-8 en bistre sur blanc. En tout 7 p., tirage in-folio spécial pour M. Em. Michelot, uniques.

1517 — Série de portraits pour illustrer les dessinateurs d'illustrations au XVIIIe siècle, par M. le Baron Roger Portalis, Gillot. — Watelet. — Abbé de Saint-Non. — Choffard. — Baron Regnault. — Marguerite Lecomte. — Gaucher. — Wille. — De Marcenay. — N. De Launay. 10 p. in-8 avant la lettre, sur chine en noir. Superbes ép., toute marge.

1518 — Gillot. — Watelet. — Abbé de Saint-Non, avant la lettre en bistre sur blanc. 3 p. Superbes.

1519. — La suite complète avec la lettre en noir, sur chine, tirage in-fol. spécial pour M. Em. Michelot. 10 p. Superbes.

1520 **Velde** (V. de). Joannes Torrentius, peintre. in-4. Très belle ép. avant les noms d'artistes.

1521 **Vérité.** J. P. MARAT, 2e martyr de la liberté, couronné de chêne. — LE PELETIER St-Fargeau, 1er martyr. 2 p. in-fol. Très belles ép., toute marge.

1522 — La princesse de LAMBALLE. — Louis-Philippe-Joseph, duc d'ORLÉANS. 2 p. ovales in-8, toute marge.

1523 **Vermeulen.** Ch. Amédée BROGLIE, comte de Revel, lieut. général, in-fol., d'ap. *Rigaud.* Belle ép.

1524 — Jean de BRUKENC de Lyon, d'ap. *Rigaud.* Très belle ép., 1er état, avant Eques Romanus, et avant la croix sur la poitrine, in-fol. Collect. Didot.

1525 — Le même, 2e état avec la croix, *Eques Romanus* et l'autre ligne. Très belle ép. in-fol. Collect. Didot.

1526 — Le Fevre de CAUMARTIN, maître des requêtes, in-fol. Superbe.

1527 — Agnès-Françoise LELOUCHIER, comtesse d'Arco, in-fol., d'ap. *Vivien.* Belle ép.

1528 — MAXIMILIEN EMMANUEL, comte palatin du Rhin. Très belle ép. in-fol., d'ap. *Vivien.*

1529 — Pierre MIGNARD, peintre dessinant. Très belle ép. in-fol., d'après lui-même.

1530 — Anne-Marie-Louise d'Orléans, duchesse de MONTPENSIER, in-fol., d'ap. *Rigaud,* marge. Très belle ép. Collect. Didot.

1531 — PHILIPPE V, roi d'Espagne, in-folio, d'après *Vivien.* Très belle ép.

1532 **Vestier**. Henri Masers de LATUDE, in-folio, il montre la Bastille que l'on démolit.

1533 **Villain**. Paris de MONTMARTEL, marquis de Brunoy, etc., in-fol., d'ap. *Pelletier*. Collect. Roth.

1534 **Visscher** (N.). Marie-Louise d'ORLÉANS, reine d'Espagne, in-fol. Superbe ép.

1535 **Voyez**. FRÉDÉRIC Henri-Louis, prince de Prusse à cheval, in-4. Superbe, très grande marge.

1536 — Louis SEIZE en pied, c'est un changement fait à la planche de Louis XV. Grand in-fol.

1537 — M. Ad. Cl. XAVIÈRE de France, Madame, 1er état, chez *Boré*. — 2e état, chez Hénault et Rapilly, 2 p. grand in-8, marge

1538 **Voyez** le jeune. Louis René Édouard prince de ROHAN GUÉMÉNÉ, cardinal, grand in-4, marge, très belle ép.

1539 **Walker**. Général prince POTEMKIN Taurida, manière noire, in-fol., marge,

1540 — WALTER SCOTT, in-fol., d'après *Raeburn*. Superbe, lettre grise, sur chine, toute marge.

1541 **Watson** (J.). Mme la marquise de **Pompadour**, manière noire, in-4, d'après *Boucher*.

1542 **Weber** (Fréd.). RAPHAEL étant jeune, la tête appuyée sur sa main, magnifique ép. avant la lettre, sur chine, in-fol. toute marge. Chalcographie.

1543 — Mme Louise COLET, in-4. — La princesse de LAMBALLE, grand in-8. 2 p. très belles.

1544 **Wedgvood** (J. T.). Pierre Didot l'aîné, typographe. Médaille, très belle ép. grande marge.

1545 **Will** (J. G.). Bernard Belidor. petit in-fol., d'après *Vigée*, très belle ép.

1546 — N. R. Berrier, lieut. de police, in-fol., très belle ép., d'après *de Lyen*. Superbe ép., très grande marge.

1547 — Jean de Boullongne, contrôleur général des Finances, in-fol., d'après *Rigaud*, très belle ép., grande marge.

1548 — Charles prince de Galles, in-fol., d'après *Tocqué*, très belle ép,

1549 — Charles Frédéric de Bade, in-4, très belle ép., d'après *Guillibaud*, très grande marge.

1550 — Jérôme von Erlach, in-fol., très belle ép.

1551 — Frédéric II roi de Prusse, in-fol., d'après *Pesne*. Superbe ép.

1552 — Marguerite de Largillière, in-fol., très belle ép., toute marge.

1553 — Louis XV. Victor et Pacator, in-fol., d'après *Le Moyne*, très belle ép., petite marge.

1554 — Louis XV à cheval, d'après *Parrocel*, grand in-fol.. très belle ép.*

1555 — Louis Dauphin de France, grand in-4, d'ap. *Klein*. Superbe ép.

1556 — Woldemar de Lowendal, in-fol., d'après *de la Tour*, très belle ép,

1557 — J. B. Massé peintre, à mi-corps, d'après *Tocqué*, 1734. Grand in-fol. Superbe ép.

1558 — Louis Phelypeaux comte de Saint-Florentin, grand in-fol., d'après *Tocqué*, très belle ép.

1559 — Poisson, marquis de Marigny, d'après *Toqué*. Superbe ép., grande marge.

1560 — 1746. Antoine François Prevost aumônier du prince de Conti, auteur de Manon Lescaut, in-8, d'ap. *Cochin*. Superbe ép. remargée à claire-voie, in-4.

1561 — François Quesnay médecin, en pied; assis dans son cabinet, grand in-fol., d'après *Chevalier*.

1562 — Maurice de Saxe, d'après *Rigaud*, in-fol., très belle ép., grande marge.

1563 — P. de Guérin, cardinal de Tencin, grand in-fol., d'après *Parocel*, très belle ép.

1564 **Wilkin** (C.). Charlotte de Saint-Asaph, d'après *J. Hoppner*, in 4, magnifique ép., en bistre, avant la lettre, très grande marge,

1565 — Lady Charlotte Duncombe, d'après *J. Hoppner*, in-4, magnifique ép. en bistre, avant la lettre, très grande marge.

1566 **Wolfgang** (J. G.). Johannes Jacobi, célèbre fondeur de statues et de canons, très grand in-fol., d'après *Wenzel*, collé.

1567 **Wortmann**. Anne, impératrice de Russie, en pied, assise sur le trône, très grand in-fol., d'après *Caravaca*, très rare, collée.

1568 — Pierre II, empereur de Russie, en pied, d'après *Ludden*. in-fol.

5.50 1569 **Wright** (Th.). Susanne Lady BELLASYS, d'après *Huysman*. — Nell GWYNN d'après *Peter*. 2 p. in-4, sur chine. Superbes ép.

7 1570 **Zucchi** (L.). AUGUSTE III, roi de Pologue, en pied, d'après *Louis Silvestre*, grand in-fol., marge. 5

2 1571 — MARIE AMÉLIE, reine de Sicile, in-fol., les armes sont coloriées, marge. 2

1572 — Quelques portefeuilles.

6 3 portefeuilles grands

1 4 —

1 50 4 —

— 14 ¼ à 10 — 1.40

1. 258 ½ à 15 38-70

× 65 ¼ à 25 16-25

✳ 40 5 f à 40

ORDRE DES VACATIONS

PORTRAITS

PREMIÈRE VACATION

Lundi 6 Décembre

De 1 à 262

DEUXIÈME VACATION

Mardi 7 Décembre

De 263 à 524

TROISIÈME VACATION

Mercredi 8 Décembre

De 525 à 785

QUATRIÈME VACATION

Jeudi 9 Décembre

De 786 à 1047

CINQUIÈME VACATION

Vendredi 10 Décembre

De 1048 à 1309

SIXIÈME VACATION

Samedi 11 Décembre

De 1310 à 1572

Ves RENOU, MAULDE et COCK, impres de la Cie des Commissaires-Priseurs, rue de Rivoli, 144. 11117

www.ingramcontent.com/pod-product-compliance
Lightning Source LLC
Chambersburg PA
CBHW072108090426
42739CB00012B/2891
9782013728317